0〜2歳

脳を育む
おうちあそび図鑑

監修 **久保田競**

監修協力 佐藤一彦　絵 あらいぴろよ

主婦の友社

あかちゃんと何しよう？
そんなときは、この本の「あそび」を
楽しんでください

　あかちゃんは、あそびながら、かしこくなります。

　脳には、脳の司令塔と呼ばれる「前頭前野」という領域があります。人間がほかの動物よりもすぐれてかしこいのは、前頭前野が著しく大きいからです。

　馬や牛は生まれて数時間で立ち、数日で歩きます。犬も猫も同様に数週間で歩き始めます。人間と遺伝子構造が97％同じといわれる猿も数週間で歩き始めます。でも、人間のあかちゃんが歩くまでには1年前後かかります。それは、その間に前頭前野をじっくりと大きく育てているからです。

　もちろん、1歳を過ぎても脳は育ち、脳の成長の黄金期といわれる2〜3歳で飛躍的に大きくなり、5歳までには85％が完成します。この時期に、目、耳、指や手を使い、たくさん歩き、走り、転がることで大きな前頭前野、つまりかしこい脳が育ちます。　ただ、かしこい脳を育てるためには、あそびもちょっと選ばなければなりません。

　見ること、聞くこと、つかむこと、味わうこと、においをかぐこと、歩くこと、話すことなどをコントロールする部位は脳の別々の場所にあり、それぞれ育つ時期がまったく違います。脳のそれぞれの部位が活発に発達する時期に、その発達にふさわしいあそびをすることで、前頭前野はどんどん育ちます。逆にその部位が働かない時期にどんなに働きかけても脳は育ちません。

　それぞれの脳の部位が発達する時期に、それにふさわしい働きかけをすることでかしこい脳が育つのです。それが脳科学です。

［監修］
久保田 競先生
（くぼ た きそう）

京都大学名誉教授、医学博士。脳科学者。東京大学医学部卒業、同大大学院修了後、同大講師を経て、京都大学霊長類研究所にてサルの前頭葉の構造と機能を研究。同大教授、同研究所所長を歴任。2011年春、瑞宝中綬章を受章。大脳生理学の世界的権威で、育脳に関する著書多数。

　何をしてあそぼうかな？と迷ったときは、この本を見て、お子さまの月齢にふさわしいあそびをいっしょに行ってください。

　ただ、発達には個人差がありますから、無理にやらせようとすることは禁物です。できなければ、少し前の月齢に戻り、できることから始め、少しずつ難しいあそびにもチャレンジしましょう。このとき、「できたね！」「すごいね！」と、しっかりとほめることを忘れないでください。できないことができるようになったら、しっかりとほめてあげることで、チャレンジする心、前向きな心や自信が育ちます。

　0歳、1歳、2歳、3歳のこの時期、子どもたちは自分で自分の脳を育てることはできません。それはお父さんお母さんのつとめです。いっしょにあそびながら、かしこい脳と心を育ててください。

久保田 競

『クボタメソッド』の教室

♪ 0歳からの育脳教室
Kubotaのうけん

久保田競・カヨ子夫妻が考案した「クボタメソッド」に基づく育脳プログラムを実践する教室。脳科学と育児法の研修を修了した質の高い講師による育脳プログラムを、あかちゃんの脳の発達段階に合わせて受講できる。

♪ 週1回のピアノレッスンで頭がよくなる
ピアノ de クボタメソッド

『クボタメソッド』をベースにした画期的なピアノレッスン法。全国の『ピアノ de クボタメソッド』認定教室では、「クボタメソッド」を十分理解した認定講師が、育脳に最良のピアノレッスンを行っている。

Contents

もくじ

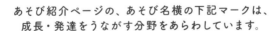

あそび紹介ページの、あそび名横の下記マークは、
成長・発達をうながす分野をあらわしています。

からだ 脳からの情報を、瞬時にからだの動かしたい部位に正しく送るための脳を育むあそび。自由自在にからだを動かせる能力を身につけます。

感覚 外からの動きや情報に対して、直感的におおよその正解やめどをつけて行動できるようにするための脳を育むあそび。

手 成長に合わせて高度な手の使い方を覚えることができ、器用さを養える脳を育むあそび。こまかな指先の動きが脳を刺激します。

知能 記憶力が鍛えられ、考える力や想像力が伸びる脳を育むあそび。数学的感覚や言葉を使った表現力を高めます。

社会性 コミュニケーション能力を高め、積極的に自分で行動できる心を育てるあそび。表現力も培われます。

● 成長・発達には個人差があります。月齢や発達段階に合わせてご紹介しているあそびはあくまでも目安です。

● お子さんの成長や発達の様子を見ながら、無理のない範囲で、安全に注意して取り入れてください。

あそびと脳の関係って？

10

大人にとっては当然のことでも
あかちゃんにとっては
はじめてのことばかり!
散歩
鳥の声
風
お〜
なんでもない
ようなことが
すべてあそびに
なりますよ!
おふろ
泡
シャワー
お湯
自分の手すら
はじめて見るんだ
草の
におい
確かに!!
ちなみに
おふたりはお子さんに
どんなことを願って
いますか?
そりゃ
健康第一
ですよ!
元気であれば
なんでもできる!
…でも
もう少し
欲張ると
どんなことが起きても
楽しく幸せな
人生を送ってほしい
勉強できる「だけ」じゃなくて…
うんうん
と
願っています
素晴らしい!
生きていくうえで
大切なことを
よくわかって
いらっしゃる!
そもそも幸せな人生を
送る力とは——

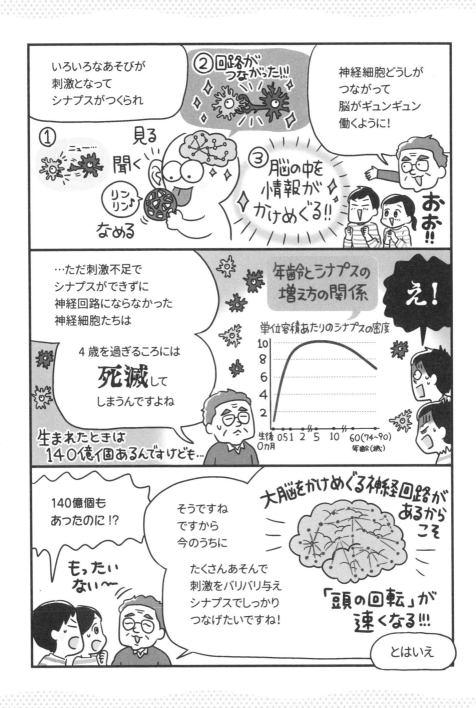

	0ヵ月	1ヵ月	2ヵ月	3ヵ月	4ヵ月	5ヵ月	6ヵ月	7ヵ月	8ヵ月	9ヵ月	10ヵ月	11ヵ月	12ヵ月

からだ
- 手足を動かす
- 寝返りをする
- おすわりをする
- はいはいをする
- つかまり立ち
- つたい歩きの充実

手
- 握る
- 握って離す
- 引っぱる
- 振る、たたく
- つまむ
- 両手を使う
- 手全体を使う
- 指を使う

それぞれの発達・成長と表の月齢を目安に、育みたい力をねらいに定めましょう。
まだできないことでも、あかちゃんとあそびながら発達・成長をうながしましょう。

※こちらの表は、成長や発達の目安ではありません。先取りして取り組んで上手な発達をうながすこともあるので、実際の月齢発達とは異なります。

13カ月	14カ月	15カ月	16カ月	17カ月	18カ月	19カ月	20カ月	21カ月	22カ月	23カ月	24カ月	25カ月（月齢）

歩く

上手に立ち止まる

正しい歩き方で歩く

しゃがむ、跳ぶ

階段をおりる

片足で立つ、目を閉じて立つ

走る

道具を使う

指先をこまかく動かす

出典：「頭のいい子を育てるクボタメソッド実践指導書」（主婦の友社）

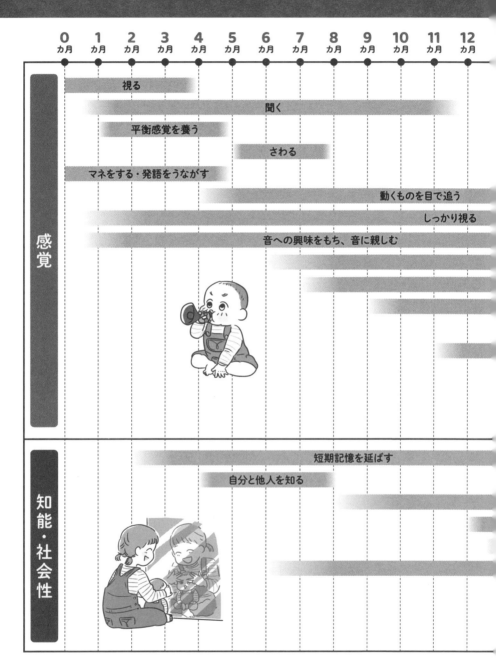

感覚 知能 社会性 月齢別 あそびのねらい

	0カ月	1カ月	2カ月	3カ月	4カ月	5カ月	6カ月	7カ月	8カ月	9カ月	10カ月	11カ月	12カ月

感覚

- 視る
- 聞く
- 平衡感覚を養う
- さわる
- マネをする・発語をうながす
- 動くものを目で追う
- しっかり視る
- 音への興味をもち、音に親しむ

知能・社会性

- 短期記憶を延ばす
- 自分と他人を知る

20

それぞれの発達・成長と表の月齢を目安に、育みたい力をねらいに定めましょう。
まだできないことでも、あかちゃんとあそびながら発達・成長をうながしましょう。

※こちらの表は、成長や発達の目安ではありません。先取りして取り組んで上手な発達をうながすこともあるので、実際の月齢発達とは異なります。

13 カ月	14 カ月	15 カ月	16 カ月	17 カ月	18 カ月	19 カ月	20 カ月	21 カ月	22 カ月	23 カ月	24 カ月	25 カ月 (月齢)

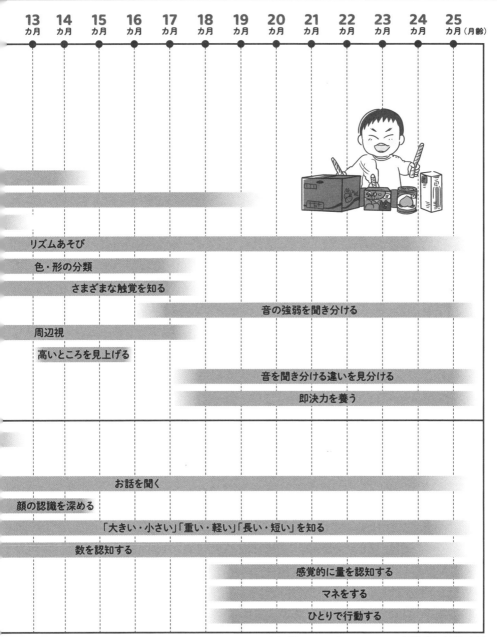

リズムあそび

色・形の分類

さまざまな触覚を知る

音の強弱を聞き分ける

周辺視

高いところを見上げる

音を聞き分ける違いを見分ける

即決力を養う

お話を聞く

顔の認識を深める

「大きい・小さい」「重い・軽い」「長い・短い」を知る

数を認知する

感覚的に量を認知する

マネをする

ひとりで行動する

出典：「頭のいい子を育てるクボタメソッド実践指導書」（主婦の友社）

生後0〜2カ月は、家族が落ち着いて 向き合える環境をつくりましょう

生まれてからの3カ月は、脳がいろいろな動きを覚えようとしている大切な時期です。ギューッと強く抱き締めすぎるなどの過度な刺激は控えながら、あかちゃんを観察したり話しかけたりして絆を築きましょう。そして、それぞれの家庭生活にあかちゃんが慣れるように、安心させながら環境を整えていきましょう。

Point 1
家族の声や生活音、においに慣れさせて

日中、あかちゃんを静かな場所で生活させる必要はありません。家族の一員になったのですから、家族の声や生活音、食事のにおいがする普段の生活スペースでお世話をしましょう。

Point 2
ビクッとしてもすぐ抱かず、「大丈夫」と軽く肩を押さえて安心させて

あかちゃんが起きているとき、手足が大きく動くことがあります。これは反射が起こっているためで、あかちゃんの意思でからだを動かしているのではありません。こんなときはすぐに抱き上げず、あかちゃんが泣いたら少し様子を見て「大丈夫よ」と声をかけ、伸びたからだを丸めるようにしてそっと抱き締めて、安心させてあげましょう。

Point 3
目や口が自発的に動いてきたら声かけを

目や口の動きをよく観察しましょう。あかちゃんの目や口が自発的に動いてきたら、「見えるのかな？」「お話ししようね」などと、声をかけてあげましょう。

Point 4
生活リズムは家族の生活環境に合わせても大丈夫

あかちゃんはまだ体内時計が整っていませんが、生活環境はある程度、家族に合わせてOK。体内時計の確立・変更はまだ可能なので、夜型家庭でも気にしなくてかまいません。

Point 5
家族仲よく、協力して過ごしましょう

この時期は、家族で協力して「あかちゃんと落ち着いて暮らせる環境づくり」に励みましょう。家族で赤ちゃんに語りかけながら、目や口の動きなどをよく観察できれば、何か変化があったときも、早く気づくことができます。

0〜2ヵ月
ごろ

ねんね
のころ

親子の絆づくりの時期。
スキンシップあそびで
たくさんふれ合いましょう

ねんね
のころのあかちゃんの様子

🌱 脳から見る成長と発達

この時期のあかちゃんは、生まれつき備わっている"反射"で外の世界に応じています。この反射を起こさせるいろいろな働きかけを積極的に行いましょう。何度も働きかけると、反射が強くなり、刺激を与えなくてもやがて自分から行うようになります。たとえば、唇にふれていたものに吸いついていたのが、やがて自分からママの乳房を探すようになります。これが"反応"です。刺激に反応して学習しながら、脳の中で神経回路をつなげているのです。反射が反応に変わると、考えて行動する役割を担う、脳の前頭前野が発達していきます。

どう動ける？

- 口にふれたものに吸いつく
  （吸てつ反射）
- 皮膚刺激で反射的にギュッと握り締める
  （把握反射）
- まぶたに息を吹きかけると目を閉じる
  （瞬目反射）
- 足の裏や親指をつねったり引っぱったりすると、ひざを強く曲げて足を縮める
  （屈曲反射）
- 頭の位置を変えると、姿勢を保とうとして目や首、手や足を動かす（迷路反射）

さまざまな刺激が大脳に伝わり、大脳から「動け」という命令が送られて、筋肉が収縮することで起こるのが反射です。生後2カ月を過ぎると、反射はしだいに消えていきます。反射が残っているうちに、握ることやからだの動かし方を覚える働きかけをしましょう。

目・耳・感覚は？

- 視野が広がる
- さまざまな音に慣れていく
- 皮膚からの刺激を感じられる
  ようになる

視野の中に入ってきたものを見ることができ、徐々に距離が延びていきます。ゆっくりと動くものを目で追い、左右をバランスよく追視することで視野が広がります。また、音を聞き分けられるようになることや、皮膚感覚が鋭くなることで、外の世界を認識していきます。

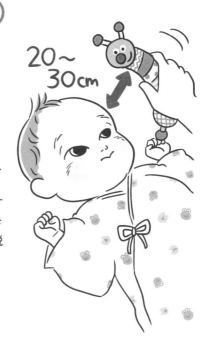

20～
30cm

おはよう

ニコッ

何がわかって、何ができる？

- 声を聞き分けられるようになる

たくさん言葉かけをしてもらうことで、声を聞き分けられるようになっていきます。言葉の意味は理解できていませんが、そのときのママ・パパの声の調子や表情で、それがどんな意味を持っているのか、ちゃんと脳は理解しています。しだいに表情も豊かになっていきます。

見つめ合いトーク

感 覚
社会性
を育む

あそび方と
脳を育む
コツ

顔を近づけて、目が合ったら声をかけましょう

顔の動きにあかちゃんのひとみが応じたら大成功！　まだ視野が狭いので、あかちゃんの視野に入り込んで興味をひかせましょう。こちらの顔が見えると、目の筋肉を働かせて見つめる（焦点を合わせる）ことを学んでいきます。また、目から情報を取り入れ、ものを正確に認知する力につながります。

➡ 成長に合わせて、「あっちから「ニコッ」こっちから「ニコッ」」(P.30)へ **STEP UP!**

アドバイス　見つめる時間を少しずつ延ばしましょう。

アドバイス　おむつ替えのときなどに、毎日行いましょう。

やわらかボディタッチ

感覚 を育む

なで

ちょん

ツン

すり

コショ
コショ

ついでに
からだのチェックも
しちゃおう

ねんね のころ

0〜2カ月ごろ

あそび方と
脳を育む
コツ

起きている時間に、あかちゃんにふれてあげましょう

あかちゃんのからだのあちこちを、やさしくさわってあげましょう。少し前まで
羊水の中にいたあかちゃんは空気にふれているだけでも不安なもの。ママ・
パパの手のぬくもりが伝わると安心するだけでなく、においや声などを五感
で感じることができます。起きている時間にふれ合うことが刺激となり、脳の
シナプスは回路をどんどん増やしていきます。

アドバイス 手のひら全体でなでたり指先でつついたり、この時期のあかちゃんが
驚きすぎない程度にやさしくゆっくりとさわってあげましょう。

おむつ体操 PART①

からだ
社会性
を育む

STEP 1

はじめに、「さあ、おむつ体操しようね」と声をかけてからスタート。おむつをはずしたら、あかちゃんの両足をそろえてひざを曲げ、足の裏をママ・パパの手で軽く押してあげます。あかちゃんが蹴ってくるようにしむけるのがポイント。繰り返すと「足が動く」ことに気づいていきます。

あそび方と
脳を育む
コツ

おむつ替え時に、声をかけ、からだを動かしてあげましょう

おむつ替えタイムは、楽しいコミュニケーションあそびに絶好のシーン。また、おむつをはずしたからだは、のびのびと動かしやすいもの。声をかけながら、毎日少しずつ同じ動きをすることで、心とからだの両面から発達をうながしていきましょう。また、月齢に合わせておむつ体操の方法をステップアップさせましょう。

➡ 成長に合わせて、「おむつ体操 PART②」(P.42)へ **STEP UP!**

STEP2

「さぁ、のびのびしましょ」と声をかけながら、あかちゃんの肩から腰、つま先まで
さすります。

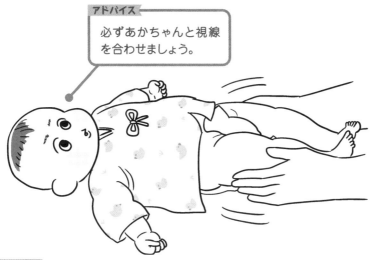

アドバイス
必ずあかちゃんと視線
を合わせましょう。

STEP3

「気持ちいいね」と声をかけながら、足の指1本1本まで、やさしくマッサージします。
このプロセスを、1日目は1回、2日目は2回、3日目は3回繰り返しましょう。4日
目からは、毎回おむつ替えのたびに3回ずつ行いましょう。

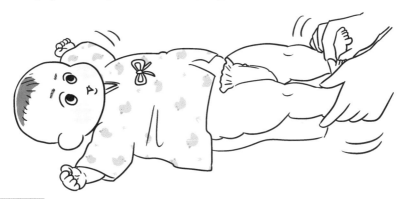

アドバイス
「気持ちいいね」と声をかけ、おむつ替えの気持ちよさを伝えましょう。

あっちから「ニコッ」
こっちから「ニコッ」

感覚
を育む

あそび方と
脳を育む
コツ

目が合ったら、ゆっくりと自分の顔を動かしましょう

声をかけながら顔を近づけて、あかちゃんと目が合ったら、視線がついてくるくらいのゆっくりとしたスピードで、顔を近づけたり遠ざけたり、左右に動かしましょう。このとき、目がきちんと動くか確認しましょう。最後は再び正面で見つめ合うと、あかちゃんは安心します。さまざまなものを見せることで、目からの情報を受け取る脳の「視覚野」が育まれます。

アドバイス あかちゃんのひとみの輝きが見えなくなったら、あかちゃんが見えていない証拠。動くのをやめましょう。

赤いおもちゃを ユ〜ラユ〜ラ

感 覚
を育む

ねんね
のころ

0〜2カ月ごろ

あそび方と
脳を育む
コツ

あかちゃんの顔の上で、赤い色のおもちゃを動かしましょう

赤い色は、低月齢のあかちゃんにもよく見えるといわれています。赤い色の安全なおもちゃなどにひもをつけ、あかちゃんの顔から20〜30㎝程度離して目の中心あたりにつるし、ゆっくりと上下左右に動かして目で追わせましょう。対象物を目の中心に持ってきて両眼視をすることで立体視ができるようになり、対象物を目で追えるようになります。

アドバイス 「こっちを見て〜」など、必ず声をかけてからゆっくりと行いましょう。

ねらい さまざまな音に慣れる

この音、な〜に？

感覚
を育む

あそび方と
脳を育む
コツ

音の出るおもちゃや生活音を聞かせましょう

最初はビクッとするかもしれません。しかし、前日にびっくりした音を少し弱く
して聞かせてあげると、あまり驚かなくなるものです。ただし、大きすぎる音
は控えて。この時期は全身がアンテナのようなもの。音の情報を取り入れる
ことで、脳の神経細胞は回路をどんどん増やしているのです。

➡ 成長に合わせて、「子守歌」(P.46)へ **STEP UP!**

アドバイス 音の方向に視線が動かない場合は、鼻のつけ根を上から下へさすって
目を閉じさせてから、再度始めてみましょう。

5本指でギュッ！

手
を育む

ねんね
のころ

0〜2カ月ごろ

あそび方と
脳を育む
コツ

あかちゃんの5本の指で、大人の小指を握らせましょう

指先だけで握ったり、2〜3本の指だけで握ったりしないように注意して、親指を外に出して5本の指をまんべんなく使い、大人の小指を握らせます。そのまま少し揺すっても、あかちゃんが離さないのは、反射が残っている証し。5本の指で握ることで、脳の「運動野」が鍛えられ、手や指先の発達をうながします。

➡ 成長に合わせて、「さわって、握って」（P.44）へ **STEP UP!**

アドバイス 握りが弱い場合は、大人があかちゃんの指を包んで握ってあげて。

アドバイス あかちゃんの手のサイズに合った、安全な棒状のものでもOK。

前向き言葉でおしゃべり

知能
社会性
を育む

あそび方と
脳を育む
コツ

お世話をしながら、気持ちいいことを示す言葉をかけましょう

たくさん言葉をかけてもらった分、脳が刺激を受け取ります。とくに、「おむつを替えて気持ちよくなったね」「おっぱい、おいしいね」など気分のいいことを示す言葉は、何度も繰り返してあげましょう。言葉の意味は理解できませんが、声の調子や表情でどんな意味があるかを脳は理解しています。言葉のふれ合いが、話す能力や知能の基礎になっていきます。

アドバイス これからの成長過程で、言葉を正しく覚えさせるため、あかちゃん言葉は使わずに、「いぬ」「おふろ」など、正しくはっきりと発音しましょう。

声をマネっこ

感 覚
社会性
を育む

ねんね
のころ

0〜2カ月ごろ

あそび方と
脳を育む
コツ

あかちゃんの発した音や口の動きをマネしてみましょう

あかちゃんが「う、う」と発声したら、口の動きをマネして、同じように口を動かします。こちらが楽しそうに応じることで、あかちゃんは自分の出した声に意味づけをして反応していきます。これはコミュニケーションの第一歩。ぜひ、家族それぞれで楽しんでみましょう。声や感触の違いからも、情報を読み取っています。

➡ 成長に合わせて、「「あー・いー・おー」でおしゃべり」（P.73）へ STEP UP!

アドバイス 必ず目と目を合わせて、笑顔で行いましょう。

ねらい 手足の筋肉の発達

おふろ体操でのびのび〜

からだ を育む

STEP 1

あかちゃんを入浴させるとき、片方の手のひらをあかちゃんの首の後ろに当て、両耳の穴を指でふさぎます。もし、小指が回れば、小指を下あごのあたりにかけましょう。湯ぶねの中で、もう片方の手を伸ばしてあかちゃんのあごがお湯につかるくらい深く入れます。

あそび方と
脳を育む
コツ

湯ぶねの中で、自由に手足を動かせてあげましょう

沐浴を卒業したら、おふろの時間も楽しみましょう。ママのおなかの中で羊水につかっていたころのような感覚があるため、おふろはあかちゃんにとってはふるさととともいえるような場所。首元をしっかりと支えながら、湯ぶねの中で自由に手足を動かせてあげると、手足の筋肉の発達につながります。また、生活リズムをつくるのにも役立ちます。

STEP2 片手だけで不安な場合は、もう一方の手を軽くあかちゃんの下あごにかけるようにうながしましょう。耳を押さえて首を支えたままからだを離すと、お湯の中で、あかちゃんが自由に手足を動かします。

アドバイス
あかちゃんとふれないぐらいからだを離しましょう。

アドバイス
あかちゃんがびっくりして泣き出したら、すぐに強く抱いて、やさしい声をかけてあげましょう。

ねらい 腹筋・背筋を鍛える

うつぶせに挑戦！

からだ を育む

トトト…

ふんっ

要チェック ✕
絶対に目を離さない!!

注意!
* かたいふとんの上で行いましょう
* 顔は必ず横向きから始めましょう
* 必ず大人がそばについていましょう

あそび方と脳を育むコツ

安全を確認しながら、うつぶせにしてみましょう

2カ月ぐらいから始めましょう。まずはうつぶせにし、ママ・パパの指先で力を入れずにあかちゃんの背骨を首から腰へとさすっていきます。あかちゃんの顔が正面を向くようになったら、中指にほんの少しだけ力を入れてさすりおろしてみましょう。すると、あかちゃんは顔を上げて背中をそらします。この働きかけで背筋に力を入れることができるようになり、首すわりが早くなります。

アドバイス 顔を上げたあとに、床におでこを打たないよう手でサポートを。

アドバイス 2カ月のころから1日2〜3回行うといいでしょう。

首すわり

のころ

積極的な探求心が芽生える時期。
おもちゃや音で興味を
引き出しましょう

首すわり
のころのあかちゃんの様子

❧脳から見る成長と発達

あかちゃんの意思や心が発達してきて、脳の神経細胞が発達するスピードも加速度を増してきます。反射期のような弱々しさはなく、まわりを見回し、音に反応し、手でものをつかもうとする積極的な探求心も出てきます。それは、前頭前野が育ってきた証し。「手でものをつかもうとする」ことは、「目で見た情報→脳→手」という伝える働きが起きているということ。この働きは、手の動きの基礎になっていきます。同じように音にも反応し、音のするほうに顔を向けて確かめ、状況を理解します。少しずつ多種の感覚を連合できるようになっていきます。

どう動ける？

- 手足の曲げ伸ばしが力強くなる
- 首すわりが進む
- ものを握れる
- 自分の意思で手を前に出せるようになってくる
- うつぶせにすると、ぐっと背をそらせるようになる

首がグラグラすることが少なくなり、うつぶせにすると顔を上げるようになっていきます。からだ・手指のぎこちなさも取れ、手足の曲げ伸ばしに力強さが出て動きも活発。握りやすいものにふれると、つかんだり口に運んだりするようになります。

目・耳・感覚は？

- 追視の幅が広がる
- 周囲が立体的に見えるようになる
- いろいろなものをなめて確かめる
- 音のする方向がわかる

首を動かせるようになると、視野が広がります。動くものや音のするほうに顔を向けて目で追いかけたり、手でさわったり、手にふれたものをなめたりして、それがなんであるか確かめるようになります。そのような視覚・聴覚の発達により、知的好奇心も広がっていきます。

後頭部は…

あ〜
う〜

何がわかって、何ができる？

- 感情が豊かになる
- 「あ〜う〜」などの声が出せるようになる

からだをさわったり、あやしたりすると、ニコニコと笑うようになっていきます。大人が声をかけると、応えるように「あ〜う〜」と声を出したり、かまってほしいときに自分から声を出したりすることもあります。反対に、気に入らなければ大声で泣くなど、全身で気持ちを表現します。

おむつ体操 PART②

からだ
を育む

STEP 1

足首に手を添え、片方の足を持ち上げて曲げます。ぐーんと曲げたら、あかちゃんが自分で足を伸ばすようにやさしく引っぱりましょう。「イチ、ニ、イチ、ニ」と声をかけながら、大人が曲げ、あかちゃんが伸ばす、を両足で交互にリズミカルに繰り返しましょう。

アドバイス

● 股を大きく広げないようにしましょう。

● 伸ばすときは、一気に引っぱらないようにしましょう。

あそび方と
脳を育む
コツ

かけ声をかけながら手足の曲げ伸ばしをしましょう

おむつをはずし、からだが動きやすくなった状態でスタート。あかちゃんの手や足を持ち、声をかけながら伸ばしましょう。続けることにより、皮膚の刺激やかけ声で、あかちゃんが反応し、自ら手足を動かせるようにうながしていきましょう。

➡ 成長に合わせて、「おむつ体操 PART③」（P.68）へ **STEP UP!**

STEP 2

あかちゃんの両手を肩のところまで曲げてから「手を伸ばそうね」と言って、両手を左右に伸ばしましょう。

アドバイス

力を入れて広げないようにしましょう。

STEP 3

やさしく声をかけながら、肩から手の指先、足の指先へと、からだをゆっくりさすりおろしましょう。このとき、手のひらでさすると刺激が強すぎることもあるので、手の側面から指先を使って、「トトトトト」とやさしくタッチするぐらいの感覚で行いましょう。

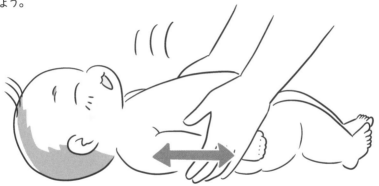

ねらい ふれたものを知る

さわって、握って

感覚
手
を育む

あそび方と
脳を育む
コツ

素材・形の違うものにふれさせましょう

あかちゃんは、目で見て手でふれてそこで得た情報を脳に送ります。脳にできるだけたくさんの情報を送って脳を活発に働かせるために、生活用品やおもちゃなどさまざまな手ざわりのものにふれさせてあげましょう。あかちゃんが握れるサイズのものを選び、左右両方の手を使わせてあげましょう。

アドバイス 持ちにくいものは指の位置を整えて、その上から手を添えましょう。

アドバイス 誤飲の恐れがあるものは布に縫いつけるなどしましょう。

おてて、届くかな？

手
知能
を育む

首すわり
のころ

2〜4カ月ごろ

あそび方と
脳を育む
コツ

あかちゃんの目の前に、おもちゃをぶら下げましょう

あかちゃんの目の前に、興味をもつおもちゃをぶら下げ、自分から手を伸ばすように働きかけましょう。手を前に出すことは、意思どおりに手を動かすための第一歩。この動きは、実は手だけの運動ではありません。**目でおもちゃをとらえ、それに関心をもったから手が出る**、という高度な動きなのです。

➡ 成長に合わせて、「おもちゃを引っぱってみよう」（P.71）へ **STEP UP!**

アドバイス 最初にまず、おもちゃをよく見せておきましょう。

アドバイス はっきりした色や音の出るおもちゃがおすすめです。

子守歌

感覚
を育む

あそび方と
脳を育む
コツ

あかちゃんに歌をうたってあげましょう

音やリズムはからだを動かすことにも深く関係してきます。子守歌や好きな歌をうたってあげましょう。また、繰り返しいろいろな音を聞くと、脳の聴覚野の神経細胞どうしのつながりが強まり、聞き取れる音の種類が増えていくので、声や音楽、音の出るモビール、鈴、着信音なども積極的に聞かせてあげましょう。このとき、どこから音が出ているのかをわからせることも大切です。

アドバイス　はじめて聞く音に驚いたりこわがったりしたときは、耳元でやさしい声を聞かせて、安心させてあげましょう。

おなかの上で、ブブブブ〜！

感 覚
を育む

首すわり
のころ
2〜4カ月ごろ

あそび方と
脳を育む
コツ

あかちゃんのおなかに唇をつけて声を出しましょう

ば行、ぱ行、が行など、擬態語に使われることの多い音を出しましょう。声を出すときは、あかちゃんのおなかに唇をつけてふるわせるようにすることで、**あかちゃんにママ・パパの声の振動を伝えていきます。これが脳へのいい刺激となります。**「ブルブル〜」「バァバァ！」など、楽しげな響きの連続音はあかちゃんも大好きですよ。

アドバイス 泣いたりイヤがったりしたら、皮膚の色や内臓に痛みがないかをチェックしましょう。

ねらい 追視の幅を広げる

ボールさん、どちらまで？

感覚 を育む

ホ〜レホレ

あそび方と
脳を育む
コツ

あかちゃんにボールを見せてから、上下左右に動かしましょう

あかちゃんは動くものに興味を示します。まず、カラフルなボールなどを目の前で見せてから、ゆっくりとボールを動かし、目で追わせるように働きかけましょう。首がすわってくると、目だけでなく首もいっしょに動かして見るようになり、追視の幅が広がります。このあそびは、視野を広げ「ものを目で見る」感覚機能が高まると同時に、頭を動かすので、首すわりが安定していきます。

アドバイス 「右に動くよ！」など、声をかけながら行いましょう。

48

ねらい ワーキングメモリーシステム（短期記憶）を鍛える

いない、いない、ばぁ！

知 能
社会性
を育む

首すわりのころ

2〜4カ月ごろ

あそび方と 脳を育む コツ

大人が顔を隠す方法から始めてみましょう

昔からあるあそびですが、あやすだけではありません。「考える→運動・行動を起こす前にワーキングメモリーとして前頭前野に保存→運動・行動が終わったらその記憶を忘れる」という、前頭前野の働きの基礎である「ワーキングメモリーシステム（短期記憶）」の能力を高めるあそびです。

➡ 成長に合わせて、「カーテンでかくれんぼ」（P.82）へ **STEP UP!**

アドバイス タオルなどを使う場合は、鼻をふさがないように注意しましょう。

アドバイス 待たせる時間を変える、あかちゃん自身の目を隠すなどにも挑戦を。

コチョコチョコチョ

知 能
社会性
を育む

あそび方と脳を育むコツ

あかちゃんを寝かせて、指先でからだをくすぐってみましょう

おふろ上がりなど、かんたんにからだをふいたあとに、はだかのまま行うのがおすすめです。触覚、視覚、聴覚など、からだのさまざまな感覚が刺激を受けることで脳が刺激され、さらに神経回路が拡大して知的能力が発達していきます。また、家族と積極的に関わりをもつことは、コミュニケーションや情緒の発達、社会性の芽生えにつながります。

アドバイス 「口元をよく見せながら話す」、「おもちゃを見せてあやす」などのコミュニケーションの基礎となるあそびもどんどん楽しみましょう。

鏡に映っているのは、だぁれ?

知能
社会性
を育む

鏡よ鏡…このかわい子ちゃんはだぁれ?

**あそび方と
脳を育む
コツ**

鏡に映る自分の姿をよく見せてあげましょう

発達段階によって、あかちゃんに鏡を見せる意味が変わりますが、この時期はまだ、そこに映っているのが自分だとは理解していません。しかし、何度も繰り返すうちに、それが 自分だとわかるようになり、自分と他人を区別できるようになっていきます。これが自我の始まりとなります。

➡ 成長に合わせて、「鏡の前で顔をタッチ」(P.70)へ **STEP UP!**

アドバイス 慣れてきたら、ほかのあかちゃんといっしょに並んだところも映してみましょう。

シーソーごっこ

前後に!!

左右に!!

ミラクルシーソー♥

あそび方と脳を育むコツ

あかちゃんと向き合い、上半身を上下左右に動かしましょう

首がしっかりとすわってから挑戦しましょう。大人がひざを立てて、あかちゃんを太ももの上に寝かせて手を握り、上下左右に上半身を動かしましょう。あかちゃんは傾きに合わせてからだを対応させようとするので、平衡感覚とバランス感覚が養われます。

➡ 成長に合わせて、「ブランケットハンモック」(P.53)へ **STEP UP!**

アドバイス あかちゃんは頭が重いので、傾けるときに倒れないように注意しましょう。

ブランケットハンモック

感覚
からだ
を育む

気分は
トロピカル

首すわり
のころ

2〜4カ月ごろ

注意！
* 必ず首がすわってからにしましょう
* あかちゃんがボーッとしているとき、よそ見をしているときにはやらないこと

あそび方と
脳を育む
コツ

あかちゃんを寝かせたブランケットを持ち上げて揺らしましょう

ブランケットやシーツなどにあかちゃんを寝かせて、落ちないように包み込みながら、布の両端を2人の大人がつかんでゆっくりと持ち上げます。必ずあかちゃんと目を合わせながら、ゆっくりと左右に揺らしましょう。頭の位置を変えて姿勢を保とうとしますが、これが平衡感覚を育てると同時に、ユラユラと揺れる楽しさも覚えていくでしょう。

アドバイス 伸縮性のない生地で、あかちゃんをしっかりと支えられるサイズのブランケットやバスタオル、シーツで行いましょう。

ねらい 平衡感覚を育てる

ママ・パパブランコ

感覚
からだ
を育む

あそび方と脳を育むコツ

あかちゃんの太ももあたりを持って、前後に揺らしてみましょう

首すわりが進んでから挑戦を。両手であかちゃんの太もものあたりを持って全身をからだ全体でサポートしながら、リズムに合わせてゆっくりと前後に揺らしましょう。平衡感覚は、三半規管と耳石という耳の組織が働いてバランスがとれます。頭の位置が変わると、あかちゃんは自分で頭の位置を変えて姿勢を保とうとします（迷路反射）が、この動きが平衡感覚を育てていきます。

アドバイス 速すぎるスピードは控えましょう。

アドバイス その姿勢のまま、大人が横にくるりと回転するのもいいでしょう。

ねらい おすわりの安定

おひざの間でおすわり

感覚
からだ
を育む

首すわり
のころ

2〜4カ月ごろ

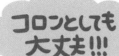

あそび方と
脳を育む
コツ

大人のひざの間にひとりで座らせてみましょう

首がしっかりして、ものを見るときに顔を左右に動かすことができるようになったら挑戦してみましょう。大人はあかちゃんからだを少し離しますが、体勢をくずしたら、足と手でキャッチできるようにしっかりと見守りましょう。**背すじをまっすぐ伸ばして頭を支えられるように働きかけることで、徐々におすわりが安定し、それに伴いあそぶ時間が長くなり、集中力もついていきます。**

アドバイス 背すじがぐにゃっと曲がってしまうちは、あぐらの中に座らせて、背中を支えてあげましょう。

足をユラユラ〜

からだ
を育む

くじらのように ゆっくり スイング

足の持ち方

片手で持てない場合は

あそび方と
脳を育む
コツ

あかちゃんの足首を持って、左右平行に揺らしましょう

あかちゃんの左右のかかとがズレないように、大人の手の指をからませて足首を持ち、左右平行に揺らしていきます。揺らす前には「ユラユラするよ〜」など声をかけて、実際に行うときは「ユラユ〜ラ」など声かけをしながら行いましょう。腰がうまく左右に動けば、背筋に力がつき、おすわりの安定につながります。

アドバイス 片手で持てない場合は、あかちゃんの足首をガーゼで軽く結び、結び目を持って揺らしましょう。

ひざの上でたっち

からだ
を育む

あそび方と
脳を育む
コツ

大人のひざの上で立たせてみましょう

発達は一つひとつのプロセスを踏んでいくことが大切です。そのためにも少しずつ次の発達をうながすあそびも取り入れていきましょう。立つのはまだ先ですが、首がすわったら立つ感覚に慣れるあそびにも、ぜひ挑戦を。大人と同じ方向にあかちゃんを向けて抱き、大人のひざの上で立たせます。最初はあかちゃんのわきの下に大人の両手を入れてしっかりと支えましょう。

アドバイス あかちゃんが足の裏で踏み締められるようになってきたら、支える手を胸から太もも、ひざへと下げていきましょう。

秘訣 ①

発達に合った時期に
ふさわしい刺激を与える
あそびを楽しみましょう

脳を育むには、発達に合わせてタイミングよく刺激を与えることが大切です。あかちゃんの発達には個人差があります。首がすわった、おすわりができたなど、その子の様子を見て、ふさわしい時期にふさわしい刺激を与えるあそびに挑戦しましょう。この本で紹介している月齢はあくまでも目安です。その時期にできなくてもあせることはありません。早い、遅いは気にしないで、その子のペースに合わせて楽しんでくださいね。

秘訣 ②

同じあそびの繰り返しや
久しぶりのあそびが
脳の神経回路を強化します

それは
「ただのティッシュ」！

ちょちょちょ！
「無限ティッシュ」!!!

昨日夢中になってたやつ

あぅー

う～

え…
なんで
「はじめて見た」な
顔してるの…？

昨日あんなに
あそんでたのに…

おっおっ
おっ!!!

ウルトラ☆ヒット!!!

脳の神経回路は、いったんでき上がっても長く使わないとまた消えてしまいます。同じ働きかけを繰り返す、昨日やったことを今日もやってみるなど、復習することで神経回路はよりしっかりしたものになります。ですので、飽きないのかな？ と感じるかもしれませんが、毎日同じあそびを繰り返すことも大切です。また、少し前に楽しんでいたあそびも、ときどき「また、やってみない？」と声をかけて楽しんでみましょう。

*「ティッシュ箱をからっぽにしよう」あそびの詳細は、P.92へ

\\ 秘訣 **3** //

できるあそびを楽しみながら、少しだけ難しいあそびに挑戦していきましょう

成長や発達は「早くできる」ことではなく、「基礎を身につける」ことが大事です。とくにからだは、きれいなおすわりや、はいはいにより、正常な筋肉や骨、関節の発達につながります。知能面も同様で、あることができるようになったら、少しだけ難しいことに挑戦させてみて、あかちゃんが理解して行動することが前頭前野を働かせることにつながります。急にステップアップしたあそびに挑戦するのではなく、できるあそびを楽しみながら、少しだけ難しいあそびを取り入れていきましょう。それが将来の「チャレンジ精神」につながります。

生後2カ月を過ぎたら、あかちゃんを たくさんなでてあげましょう

「子育てにはスキンシップが必要」と昔からいわれていますが、少し前の研究で科学的にも解明される結果が発表されました。2カ月を過ぎたら、あかちゃんをゆっくりといっぱいさすってあげましょう。なでてもらうことで、あかちゃんの脳には快感が発生し、リラックス感や安心感が生じるから。あかちゃんにきっと笑顔がこぼれてくるはずです。

Point 1
体温と同程度の温度で、皮膚に直接ふれましょう

体毛がある皮膚の表面には、快感を発生させる微細な神経線維があります。その神経線維への刺激が脳へと伝わるため、直接、皮膚にふれることで効果が期待できるでしょう。また、あくまでもあかちゃんを安心させることが目的。手が冷えているときは少しあたためるといいでしょう。

Point 2
20秒以上、なでましょう

「かわいいね」と2〜3回なでただけでは、あかちゃんを安心させ、気持ちよくしてあげる効果は期待できません。最低でも20秒は続けてみましょう。

Point 3
1秒で3cm さするくらいの ゆっくりとした速度で

速すぎる動きや力強くなでてあげても、なかなか脳へ快感が伝わりません。やさしくゆっくりとを心がけましょう。

Point 4
泣いているときは 抱きながら、なでてあげましょう

泣いているときのあかちゃんは不安でいっぱい。ほおや腕、足をゆっくりとさすってあげるときに、あかちゃんとママやパパの皮膚がふれ合うように抱いてあげましょう。不安は安心に変わり、泣きやむでしょう。

寝返り

のころ

好奇心、探求心がますますアップ！
見る・聞く・さわるなどの
感覚あそびを取り入れましょう

寝返り
のころのあかちゃんの様子

❦ 脳から見る成長と発達

好奇心、探求心がますますさかんになって、絶えずキョロキョロあたりを見回し、目についたものをさわり、口に入れて自分で確かめようとします。これは、唇や舌の感覚を総動員して、手に持っているものを確認している証拠。危険なもの以外は、どんどんなめさせてあげましょう。寝返りには個人差があるので、まだ背中や腕の筋肉が発達していない場合はあせる必要はありません。あかちゃんをあおむけに寝かせたとき、足を動かしたり、腰をひねるような動きをし始めたら、ほんの少し背中を押して手助けしてあげると、みるみる寝返りを覚えていくでしょう。

どう動ける？

- 腰や足がしっかりしてくる
- 足をバタつかせる
- 寝返りが打てるようになる
- ものをつかんで引っぱれるようになる

あおむけの状態で腰を自由にひねれるようになり、寝返りへと発達していきます。腰を浮かして足を持ち上げたり、足を持ってあそんだりと、足腰を使った動きも出てくるでしょう。手の動きもますます活発になり、握る力が強まります。つかめなかったものも、繰り返すうちに方向や距離感がわかってつかめるようになります。足をバタバタさせ、うれしさや不快な気分を伝えたりし始めるのもこの時期の特徴です。

目・耳・感覚は？

- なんでもさわってなめて確かめる
- 両眼視ができるようになる
- 追視が180度できるようになる
- 小さな音にも気づくようになる

音に敏感になり、テレビやドアの開閉の音にも興味をもったり、小さな音や声にも反応し、そちらの方向を振り向くことも。また、両目でしっかりとものを見るようになり（両眼視）、ものと自分の距離が立体的にわかるようになります。5〜6カ月ごろは離乳食を始める時期ですが、口を閉じて飲み込めても、はじめのうちは舌は前後にしか動きません。

何がわかって、何ができる？

- 感情の幅が広がる
- 個性が出てくる
- 声を出してよく笑うようになる
- 家族と他人の区別がつくようになる

探求心が旺盛で、感情の幅が広がって表情が豊かになります。個性の違いもわかりやすくなり、その子らしさが見られるようになります。人の顔が認識できるようになり、家族と他人の区別がつくようになってきます。

おむつ体操 PART③

STEP 1

「のびのびしましょう」と言いながら、肩からつま先までをスーッと一気に手のひらでさすってからだを伸ばしたあと、「足を持って」と声をかけ、自分の両足を持つように教えます。

アドバイス

● 食後30分以上たってから行いましょう。

● 最初は大人が手を添えて持たせてあげましょう。

あそび方と
脳を育む
コツ

手で足を持たせ、左右に揺らしたあとに止まってみましょう

ひとりでおすわりができるようになったら、歩けるようになるまでの期間は、おむつ替えのタイミングで、おむつ体操PART③を1日に1〜2回程度、取り入れてみましょう。かけ声どおりに手足を動かせるようになること、からだを動かさないでじっと待てるようになることを覚えるのが目標です。これができるようになると、おむつ替えがぐんとラクになります。

ゴロン

STEP2

そのままの姿勢で、あかちゃんのからだをゴロンと片側に倒し、反対側にもゴロンと倒し、背中を船底に見立てて左右に揺らします。慣れてきたら、両手を交差させて両足を同時に持たせ、ひとりでもこの姿勢がとれるように働きかけましょう。

STEP3

両足を持たせたまま、「動かないでね」と声をかけてその状態をキープします。慣れてくると、大人が手を離しても、少しの間この姿勢を保てるようになっていくでしょう。

アドバイス

じっと待つことができたら、たくさんほめてあげましょう。

鏡の前で顔をタッチ

知能を育む

あそび方と脳を育むコツ

鏡の顔と実際の顔を交互にさわってみましょう

大人といっしょにいる姿を鏡に映してあそぶことで絆と信頼感が生まれ、知能が発達します。「〇〇ちゃんのほっぺ」と声かけしながら鏡の顔と実際の顔をさわり、次は「ママのお鼻」というように親子で交互にさわってみましょう。あかちゃんはその違いを感覚でとらえて、脳が成長していきます。「上がり目、下がり目、くるっと回ってにゃんこの目」の手あそびもいいでしょう。

アドバイス 鏡に映る角度を変える、ポーズをとるなど、工夫をしてみましょう。

おもちゃを引っぱってみよう

手を育む

寝返りのころ 4〜6カ月ごろ

あそび方と脳を育むコツ

つりおもちゃを引っぱるように働きかけましょう

縦抱きやあおむけのあかちゃんの目の前に、毛糸の玉やつり輪、つりおもちゃなどをぶら下げ、あかちゃんに引っぱらせてみましょう。弱い力でも引っぱれるよう、ゴムでつるすのがおすすめです。おもちゃの存在を認識し、その位置を把握してつかみ、さらに引っぱるという一連の動きは、あかちゃんの脳のさまざまな部位を鍛えます。

アドバイス 関心を示さないときは、おもちゃに鈴などをつけて音で誘ってみましょう。

ねらい 自分の意思でからだを動かす

音の出るおもちゃ

感覚
を育む

あそび方と
脳を育む
コツ

リズムに合わせて、音の出るおもちゃを振ってみましょう

振ると音の出る鈴や手作りのマラカスなどがおすすめ。手に持たせ、音楽に
合わせたり、強弱、長短のリズムをつけたりしながら振ってみましょう。リズ
ムに合わせてからだが動くように、いっしょにからだを揺らしたり見本を示した
りするといいでしょう。聞く・手で振る・からだを動かす、というように同時に
いくつものことをさせると、脳の回路が効率よく発達していきます。

アドバイス 最初は、おもちゃを握ったあかちゃんの手を持って、音が鳴ることを教
えてあげましょう。

あー・おー・いーで おしゃべり

社会性
を育む

あそび方と
脳を育む
コツ

あかちゃんに向かって声を出してあげましょう

あかちゃんと向き合い、口元をよく見せて大きな口をあけて、ふつうの高さで「あー」、唇を突き出して低い声で「おー」、指で唇をたたきながら高い声で「いー」と声を出しましょう。あかちゃんがマネをして声を出すようになったら、次はそれをマネしてみましょう。お互いにマネし合うことで、積極的に声を出すことを学んでいきます。これが、発語の第一歩です。

アドバイス あかちゃんの興味があるかぎり、続けてあげましょう。

73

だっこでゴローン

からだ
を育む

コロン

Chu

だっこで揺りかご

コロン

あそび方と
脳を育む
コツ

寝ながらあかちゃんを抱いて左右に揺れましょう

あかちゃんをだっこして寝転び、そのままいっしょにゴロンゴロンと左右に転がりましょう。寝返りが打てるようになったら、大人が見本を示してあかちゃんがマネをしてひとりでできるように働きかけましょう。頭の位置が変わってもバランスをとることをうながし平衡感覚を育てます。また、バランス感覚は、成長したときに転びにくいからだへとつながっていきます。

アドバイス あかちゃんがこわがらずに楽しめるスピードから始めましょう。

ねらい 蹴りを覚える

手のひらキック!

からだ を育む

あそび方と 脳を育む コツ

四つんばいで、大人の手のひらを蹴るようにうながしましょう

まずはあかちゃんをうつぶせにして、背すじを軽く押しながらさすってあげましょう。そうするとあかちゃんは頭を上げるので、両足の裏を軽く押さえ、両ひざが床につくようにします。四つんばいの姿勢がとれたら、足の裏に大人の手のひらを当て、片側ずつ押し戻すようにします。すると、あかちゃんはその力を利用して、蹴ることを覚えていきます。左右交互に繰り返しましょう。

アドバイス 蹴りをうながすときには「イチ、ニ、イチ、ニ」と声かけをしましょう。

アドバイス 足の指先は床につけるようにしましょう。

75

ねらい 平衡感覚を鍛える

たかい、たか〜い

からだ を育む

あそび方と
脳を育む
コツ

両手であかちゃんを支えて、からだを高く上げましょう

立ちながら、座りながらのほか、あおむけであかちゃんのからだを持って
大人の足を曲げ、すねであかちゃんの下半身を支えながらなど、いろいろ
なスタイルを楽しみましょう。頭が上下左右に移動すると三半規管が刺激さ
れ、平衡感覚が鍛えられます。

➡ 成長に合わせて、「ダイナミックたかい、たか〜い」(P.104) へ **STEP UP!**

アドバイス 勢いよく持ち上げるのはNG。イヤがるようなら中止しましょう。

アドバイス あかちゃんのわきの下に手を入れてしっかりと支えましょう。

ボールをコロコロ〜、ポトン

感覚
を育む

寝返り
のころ

4〜6カ月ごろ

あそび方と
脳を育む
コツ

テーブルでボールを転がし、落ちる様子を見せましょう

大人といっしょにテーブルの前に座り、「ボール、コロコロ〜」などと声かけをしてボールに注目させてからスタート。ボールが転がって落ちるまで見つめることで、動くものを目でとらえる力が育つほか、そのボールがどこに転がっていくのか未来を予測する力や集中力も養われます。右から転がしたら次は左からというように、左右まんべんなく転がすようにしましょう。

アドバイス おすわりが安定してきたら、ひとりで座らせて自分でボールを転がすようにうながしましょう。

おもちゃまで、あと少し！

からだ
を育む

あそび方と
脳を育む
コツ

うつぶせのあかちゃんの前に、おもちゃを置いてみましょう

あかちゃんをうつぶせにし、手を伸ばせば届きそうな、でも届かない位置に
あかちゃんの興味をひきつけるようなおもちゃを置くのがポイント。はじめは
手足をバタバタさせるだけでなかなか前に進むことはできません。「手のひら
キック！」（P.75）などで蹴りの練習をしているうちに、少しずつ前進できるよ
うになっていき、それがはいはいへとつながっていきます。

アドバイス 足の指先が床につくようにしてあげましょう。

おすわり

のころ

手や指先を使うあそびを取り入れて、
集中力・思考力を
養いましょう

おすわり
のころのあかちゃんの様子

🐟 脳から見る成長と発達

知的な面がぐんぐん伸びる時期です。前日にできなかったことができるようになり、働きかけにはっきりと反応するようになります。目で見たり、耳で聞いたり、手でさわったりして発達してきた感覚器を使って、ものの本質を理解していきます。手の動きも器用になっていきます。まだ指先がうまく使えませんが、つまむ・はさむ・突っ込む・つつくなどのあそびを取り入れましょう。手を動かすことは、脳の発達をうながすことにつながります。また、あかちゃんが1つのあそびに夢中になっているときは、集中力と思考力を養うチャンス。そっと見守りましょう。

どう動ける？

- 寝返りが上手になる
- 徐々におすわりが安定する
- 「ずりばい」をする子も出てくる
- 目と手が協調した動作ができるようになる

手を前につけば少しの間座っていられるようになり、バランスをくずしそうになると手で支えようとします。徐々におすわりが安定していくと、背すじを伸ばしてものを持つ・振り向くなどの動きも出てくるでしょう。また、つかんだものを逆の手に持ち替えるなど、「目で見て→手で取る」というような目と手が協調した動作ができるようになります。おなかを床につけた「ずりばい」で前に進むあかちゃんも出てくるでしょう。

目・耳・感覚は？

- 視界が上下左右に広がり、立体視の機能が発達する
- 音の鳴るものを好む
- なんでもさわってなめて確かめる
- 歯ぐきがむずがゆく、口に入れたものをガブガブとかむ

おすわり姿勢であかちゃんの視界が広がり、立体視の機能が発達します。ものの立体感や奥行き、自分とものとの距離がつかめるようになり、座ったままおもちゃに手を出すように。聴覚は、さまざまな音や家族の声を聞き分けられるように発達します。また、あらゆるものに興味を示し、手にとってなめる探索を繰り返すので、誤飲には十分、注意しましょう。

何がわかって、何ができる？

- 人見知りが始まる子もいる
- 思いどおりにならないと、ぐずったり声に出して要求したりする

人見知りが始まる子も出てきますが、それは絆が結ばれていることと、記憶力がついて親しんだ人とそうでない人を区別できるように脳が発達している証しです。また、ほしいものに手が届かないときなど、情緒的な欲求からぐずる場面も。成長に伴い、ぐずるだけではなく「取ってほしい」と要求するようになっていきます。

カーテンでかくれんぼ

知 能
社会性
を育む

あそび方と
脳を育む
コツ

カーテンに隠れて、「ばぁ！」で顔をのぞかせましょう

同じ場所だけでなく、左右反対にしたり下からのぞいてみたり、いろいろなところから顔を出してあげると、あかちゃんは大喜びするはず。ものごとを期待して待つ、「いない、いない、ばぁ」は脳のワーキングメモリーシステム（短期記憶）を鍛えるのにとても効果的です。じらしたり素早く見せたり「ばぁ」のタイミングをかえるなど、バリエーションを増やしてみましょう。

アドバイス 「ばぁ」で顔を出すときの表情に変化をつけてみるのもいいでしょう。

タオルで顔を隠して「ばぁ！」

手
知能
を育む

いない、いない、・・・・・・

ば あ!!

おすわり
のころ

6〜8カ月ごろ

あそび方と
脳を育む
コツ

タオルで顔を隠して「いない、いない、ばぁ！」をしましょう

大人と向かい合って座らせ、薄いタオルやガーゼをあかちゃんの顔にふわっとかけて、「いない、いない」と言いながら、しばらくそのままで待たせます。「ばぁ！」の声に合わせて、自分でタオルを取るようにしむけましょう。次は大人が顔を隠す方法や、大人といっしょに鏡を見ながら行うのもおすすめです。さまざまな方法でワーキングメモリーシステム（短期記憶）を育みましょう。

アドバイス 最初は大人がタオルを取って教えてあげましょう。

手
知能
社会性
を育む

つみきをカチカチ

あそび方と
脳を育む
コツ

両手につみきを持たせて、打ち合わせましょう

まずは大人がつみきを打ち合わせて音を鳴らして、お手本を見せてあげましょう。そのあと、あかちゃんの両手につみきを持たせると、しだいにマネをするようになるでしょう。 手の動きをコントロールするほか、音の出し方やリズムを覚える効果もあり、脳がフル回転されます。プラスチックのコップなどでも挑戦し、音の変化を感じるのもいいでしょう。

アドバイス 口に入れようとしたら「ダメ」と、きちんと教えてあげましょう。

ねらい 発声を引き出す

感覚
社会性
を育む

アババあそび

おすわり
のころ

6〜8カ月ごろ

あそび方と
脳を育む
コツ

「アー」と声を出しながら、口元を軽くたたいてみましょう

まずは大人が自分の口でやっているのを見せてから、あかちゃんが声を出すようにうながしてみましょう。声を出したら、手のひらで赤ちゃんの口元をリズムよくポンポンとたたいてあげます。 自分の出している音と聞こえる音のリズムの変化を楽しみ、あかちゃんが自分から発声するようにうながしましょう。

ねらい ボールの動きを予測

ボールをキャッチ

手
社会性
を育む

あそび方と脳を育むコツ

おすわりしたあかちゃんの前でボールを転がしてみましょう

あかちゃんに声をかけてボールを見せ、ボールに注意を集めた状態でスタート。ボールが転がる様子を目で追いかけ、手を伸ばしてボールをキャッチしたら、ボールの向かう先が予測できるようになった証です。おおげさなぐらいほめてあげましょう。先に起こることを予測する能力を育むほか、ボールのやりとりを通して社会性も生まれてきます。

アドバイス ボールの動きが速すぎるときは、布のボールや湿らせたティッシュを丸めてボールがわりにしましょう。

ねらい 手でたたく動作を覚える

感覚
手
を育む

たいこをトントン

おすわり
のころ
6〜8カ月ごろ

あそび方と
脳を育む
コツ

あかちゃんといっしょに、たいこをたたいてみましょう

おすわりしたあかちゃんの手を、大人が後ろから抱きかかえるようにして持ち、両手でたいこをトントンとたたきます。次に、あかちゃんにひとりでたたくようにうながしてみましょう。たたくという手の動作を覚えるほか、音を聞いて聴覚刺激が与えられる、リズム感を養うという働きがあります。かんたんなリズムの音楽に合わせてたたいてみるのもいいでしょう。

アドバイス お鍋やテーブルなど、身近にあるものでも楽しみましょう。

表情豊かに、にらめっこ

知 能
社会性
を育む

あそび方と
脳を育む
コツ

「にらめっこ」で、いろいろな表情をしてみましょう

「にらめっこしましょ、笑うと負けよ、アップップー！」で、驚いた顔や笑った顔を繰り返し見せてあげましょう。しだいにあかちゃんもマネをするようになっていくでしょう。にらめっこあそびは、ものごとを考えて処理をする前頭前野を鍛えるとともに、さまざまな表情を見せてあげることで、あかちゃんの豊かな感情を育みます。

アドバイス 「むすんで開いて」などの手あそびにも、おおげさな表情を取り入れてみましょう。

ねらい 息を吹くことを覚える

ラッパをプー！

感覚
社会性
を育む

おすわり
のころ
6〜8カ月ごろ

あそび方と
脳を育む
コツ

おもちゃのラッパを吹くように働きかけましょう

「フーフー」とラッパを吹くときの息の使い方をよく見せてから、大人がおもちゃのラッパを吹く様子を見せましょう。自分の意思どおりに手が動くようになったあかちゃんは、積極的に手を出してくるでしょう。ラッパを手にとり、大人のマネをして、上手に息を吐いて音が出せるようになればOK！ **息を吸って吐く動作を覚えることは、発語をうながすきっかけになります。**

アドバイス 音が出せたら、おおげさなぐらいほめてあげましょう。

おもちゃ、ど〜こだ？

知能
を育む

あそび方と
脳を育む
コツ

おもちゃにタオルをかけて隠してみましょう

あらかじめあそんで親しんでいるおもちゃを使うのがコツ。そのおもちゃにタオルや器をかぶせて、おもちゃを隠します。すると、あかちゃんはパッとタオルや器を取っておもちゃを探し当てるでしょう。見つけたら「あった!」とおおげさに喜んでみましょう。**短期記憶を養うあそびで、前頭前野の発達に有効です。**

➡ 成長に合わせて、「おもちゃが入っているのはどっち？」（P.139）へ **STEP UP!**

アドバイス 慣れてきたら、ふとんの下や小さなコップの中など、隠し場所も少しずつ難しくしていきましょう。

筒の中身、取れるかな？

手 を育む

おすわり のころ

6〜8カ月ごろ

注意！
*おもちゃを誤飲しないように、
目を離さないようにしましょう。

あそび方と 脳を育む コツ

筒状ケースに入れたものを取り出すように働きかけましょう

あかちゃんの腕が入る程度の広口のビンやプラスチックケースなど、筒状の入れ物に、直径2cmぐらいのおもちゃやビーズを入れ、中に入っているものを取るように働きかけましょう。筒の底に手を入れて、つまんで取り出すという指先を動かす動作を取り入れることで、指先がどんどん器用になっていくと同時に、脳の働きも活発になっていきます。

アドバイス 品数を多くして変化をつけて、何度もあそばせてみましょう。

ティッシュ箱を からっぽにしよう

手
知能
を育む

からのティッシュ箱

いらない布など

布を詰めて…

無限ティッシュ

あそび方と
脳を育む
コツ

ティッシュ箱にハンカチや布を詰めて、取り出しましょう

からのティッシュ箱を用意し、ハンカチやいらない布などを中に詰めて、あかちゃんに渡してみましょう。手先が器用になってきたあかちゃんは、引っぱり出すのが大好き。「何が入っているんだろう?」と、夢中になって中身を取り出すでしょう。**手や指を動かす動作はすべて、前頭前野が考えて指令を出すことで成り立つので、どんどんあそびに取り入れていきましょう。**

アドバイス ハンカチやタオルの端と端を結んで、何枚かをつなげてみてもいいでしょう。

はいはい

のころ

はいはいで一気に世界が拡大。
頭を使って行動するあそびを
取り入れましょう

はいはい
のころのあかちゃんの様子

🌱 脳から見る成長と発達

これまでは、座ったままからだや感覚で刺激に反応する感覚運動的知能でしたが、このころからは頭で考えてからだを動かすようになります。はいはいができるようになると、目に入るもの、耳で聞こえてくるものには自分から近づき、なんでも見て、さわって、聞いて、外の世界のことを多く理解するようになっていきます。両手両足をバランスよく動かすことは、からだだけでなく脳をバランスよく育むことにもつながります。安定した四つんばいで、前進・後退ができるきれいなはいはいを目指しましょう。

どう動ける？

- おすわりが安定する
- はいはいで移動できるようになる
- 「高ばい」する子も出てくる
- 指先や手の動きが器用になる
- つかまり立ちできる子も増えてくる

腹筋や背筋の力がついて、はいはいで移動できるようになり、はいはいが上達すると移動スピードも増していきます。お尻を高く上げ、ひざを伸ばして進む「高ばい」をする子もいるでしょう。足腰がしっかりしてくることで、つかまり立ちをする子も増えてきます。また、手の動きも器用さを増し、ボールを両手でつかむ・転がす・投げる動作ができるようになっていきます。指先も小さなものをつまもうとするなどの繊細な動きも出てくるでしょう。

目・耳・感覚は？

- 視界に入るあらゆるものへの探求心がますます旺盛になる
- つかまり立ちができるようになると、視界が目の高さまで広がる
- 自分の名前を認識する
- 音を楽しむようになる
- 食の幅が広がり好き嫌いが出てくる

自分で移動できるようになると興味の範囲が広がり、気になるものを探してさわって確かめ、さまざまなことを理解していきます。音にも敏感に反応し、ものをたたいて音を出したり、音楽に合わせてからだを揺らしたりする様子も見られるでしょう。また、名前を認識し、呼ばれると振り向くようになっていきます。

何がわかって、何ができる？

- 人見知りがピークになる
- 言葉の意味がなんとなくわかるようになる
- 意思表示がはっきりとしてくる
- マネをするようになる

愛着関係が完成して、人見知りやあと追いがピークに。言葉の意味もなんとなく理解し始め、「ダメ!」と言われると泣くこともあるでしょう。また、声を出す、手指で示すなどで意思表示をするようになります。人の動きを見てマネする様子も見られるようになりますが、これは周囲の人への関心が高まってきた証しです。

はいはいで追いかけっこ

からだ を育む

あそび方と
脳を育む
コツ

はいはいの姿勢であかちゃんを追いかけてみましょう

大人もはいはい姿勢になり、はいはいで移動するあかちゃんを追いかけてみましょう。はいはいが上達して腰や手足の筋肉が鍛えられるのと同時に、脳の運動連合野が発達します。また、焦点を動かしながら移動するという視覚への働きかけにもなります。動きにムダがなく早く前に進む、きれいなはいはいを目指しましょう。

➡ 成長に合わせて、「でこぼこ道はいはい」（P.98）へ **STEP UP!**

アドバイス おなかを持ち上げ、左右対称にからだを動かすように働きかけましょう。

ママ・パパトンネル

からだ
を育む

あそび方と
脳を育む
コツ

はいはいで、大人の足の間をくぐらせましょう

あかちゃんは狭いところにもぐるのが大好き。大人が足を開いて立ち、その下をくぐらせましょう。大人が四つんばい姿勢になって、大人の手と足の間をはいはいするのもいいでしょう。また、段ボールや板などでトンネルをつくって、出口から名前を呼ぶのもおすすめです。はいはいで腰や足の筋肉を鍛えて上手にからだを使うことは、歩くためにもとても大切になってきます。

アドバイス おなかをしっかりと持ち上げる姿勢を保てるようにサポートしましょう。

でこぼこ道はいはい

からだ
を育む

あそび方と
脳を育む
コツ

ふとんで斜面をつくり、はいはいで上がるように働きかけましょう

かためのふとんやマットレスなどで段差をつくり、お気に入りのおもちゃを目の前に置くなどして、はいはいで上がるように働きかけましょう。からだを手で支えて足を交互に持ち上げ、足の親指を使ってつま先で蹴るように導いてあげましょう。上手に上がることができたら、はいはいでおりるように働きかけましょう。

➡ 成長に合わせて、「段差を上がっておりて」(P.138)へ STEP UP!

アドバイス おなかをしっかりと持ち上げる姿勢になるようにサポートしましょう。

ねらい バランスをくずしたときに手をつく練習

感覚
からだ
を育む

ふとんの上でグラリ

はいはいのころ

8カ月〜1歳ごろ

あそび方と
脳を育む
コツ

丸めたふとんにのせ、少しバランスをくずしましょう

ふとんやマットレスを敷いた上にふとんなどを丸めて置き、その上にあかちゃんを腹ばいにしてのせ、ふとんを少し前に回転させてみましょう。繰り返すうちに、頭が下になったときに自然に手が床のほうへ伸びるようになっていきます。この動きは、転んだときにサッと手を出す練習になります。

➡ 成長に合わせて、「危険を察知できるかな？」（P.105）へ **STEP UP!**

アドバイス 抱き枕や授乳クッションなどを使用するのもいいでしょう。

アドバイス 慣れる前は、あかちゃんが顔を床に打ちつけないようにサポートしましょう。

おもちゃ並べ

手
を育む

あそび方と
脳を育む
コツ

つみきやおもちゃを並べるように働きかけましょう

まずは大人が見本を見せたあと、声をかけながらあかちゃんがマネをしておもちゃを整列させるようにうながしましょう。縦や横だけでなく、自分の座っているまわりを囲むなど、いろいろな並べ方に挑戦してみましょう。手指を自分の意思どおりに動かすあそびを繰り返すことで、脳の神経回路が増え、情報の伝達速度も加速していきます。

アドバイス ほめたり、声をかけたりして誘導してあげましょう。

昔ながらの手あそび

知能
社会性
を育む

はいはい
のころ

8カ月〜1歳ごろ

あそび方と
脳を育む
コツ

あかちゃんの手を誘導して手あそびをしてみましょう

あかちゃんを足やおなかの上に座らせ、大人がうたいながらあかちゃんの手を誘導し「ちょちちょち、あわわ」や「おつむテンテン」などの手あそびを楽しみましょう。 昔から伝わる単純な音を繰り返す手あそびは、言葉を覚えるきっかけのほか、人との関わり方を覚える第一歩となります。

➡ 成長に合わせて、「だ〜れだ？ど〜こだ？」（P.174）へ **STEP UP!**

アドバイス 鏡を同じ方向から見て手あそびすると、大人の動きをマネするようになっていくでしょう。

コロコロキャッチボール

感覚
手
を育む

**あそび方と
脳を育む
コツ**

あかちゃんと向き合い、ボールを転がし合いましょう

足を開いて座らせ、少し離れたところから足の間にボールを転がします。あかちゃんがキャッチしたら、ボールを転がして返すように声かけを。近い距離から始めて、徐々に距離を延ばしていきましょう。動くボールを目で追うことは、**ものを見る能力を伸ばし、ボールを取ったり転がしたりすることで手先も器用になります。**

➡ 成長に合わせて、「**両手でボールをぽーん**」（P.103）へ **STEP UP!**

アドバイス 目でボールを追いやすいように、はじめは転がりにくい空気が少し抜けたボールなどを使いましょう。

ねらい 両手でボールを投げる

両手でボールをぽーん

感覚
手
を育む

大きく
振りかぶってぇ…
ぶん投げぇ〜
よっ
キャハッ
上手ぅ!!

はいはいのころ

8カ月〜1歳ごろ

あそび方と脳を育むコツ

向かい合ってボールを投げ合いましょう

あかちゃん自身に両手でボールを持たせ、頭の上まで持ち上げてまっすぐ投げるように働きかけましょう。**指先に神経を集中させるため、繰り返していると手先が器用になっていきます。**あかちゃんが投げたときにあまり方向が決まらないようなら、まだボールを転がす段階。転がすのと投げるのでは筋肉の使い方が違うのであわてないで。

アドバイス まずは大人があかちゃんに向かって何回かボールを投げて見本を示してあげましょう。

ねらい 平衡感覚を鍛える

ダイナミック
たかい、たか〜い

からだ
社会性
を育む

ノーマル
たかい、たかい

高低差で勝負!!!

ゆっくりね❤

注意!
＊急激に頭を揺さぶったり、
　からだを振り回したりする
　のはやめましょう

あそび方と
脳を育む
コツ

足を地面につけた状態から高い位置に持ち上げましょう

あかちゃんのわきの下に手を入れてしっかりと支え、大人がしゃがんであかちゃんが地面に足をつけた状態からスタート。目線を合わせながら大人が立ち上がって腕を上げ、大人の身長よりも高い位置へ持ち上げます。あかちゃんを高く上げてからだを揺らしてみたり、回転したりしてみましょう。高低差を楽しみながら、平衡感覚を養えます。

アドバイス 表情がこわばったり泣いたりしたときは中止しましょう。

危険を察知できるかな？

感覚
からだ
を育む

地球に
タッチ!!!

はいはい
のころ

8カ月〜1歳ごろ

あそび方と
脳を育む
コツ

はいはいの姿勢で抱き上げたあと、床に近づけましょう

はいはい姿勢のあかちゃんのおなかを支えて抱き上げ、そのままの格好でからだを揺すり、自然に手が前に出るようにしむけます。次に、その状態のまま、からだをスッと床に近づけます。ここで危険を察知して、自分からパッと両手を出してからだを支えるポーズがとれたら成功。**危ないと思ったときにサッと手を出す練習**になり、転ぶのが上手になります。

アドバイス 無意識に手が出るようになるまで何度も練習しましょう。

ティッシュペーパーを破ろう

手を育む

あそび方と脳を育むコツ

両手でティッシュペーパーを破るように働きかけましょう

はじめは縦にも横にも破れやすいティッシュペーパーや1辺が10〜20cmぐらいの花紙などの薄い紙を用意し、あかちゃんに端を両手で持たせます。左右の手を広げて破くように働きかけましょう。破る動きは、両手を上手に動かして指先で力をかげんする高度な手の動きが必要です。

➡ 成長に合わせて、「新聞紙をピリピリ!」(P.117)へ **STEP UP!**

アドバイス 最後はこまかくちぎり、紙ふぶきにしてあそびましょう。

ねらい 小さなものを指先でつかむ

ボーロをつまんでパクパク

手
を育む

あそび方と
脳を育む
コツ

1粒ずつ間隔をあけてボーロをお皿に出してみましょう

たまごボーロやお米のボールなどのあかちゃん用お菓子は、指先でつまむ練習にちょうどいいサイズ。手のひら全体でつかまないように、1粒1粒の間隔をあけてお皿に出しましょう。この時期のあかちゃんは、小さなものをつかめるようになってくるので、誤飲の可能性がある小さなおもちゃは注意が必要です。ボーロなどを食べる際に、1粒ずつつまむ動きを育んでいきましょう。

アドバイス 食事でも、手づかみ食べできるものを取り入れましょう。

ストロー落とし

手
知能
を育む

牛乳パック　ストロー　色紙

真剣..

フゥ　フゥ

ストローが通るくらいの穴をあける

あそび方と
脳を育む
コツ

穴をあけた牛乳パックにストローを入れてみましょう

ある程度集中できるようになってから始めてみましょう。牛乳パックにストローが通るくらいの穴をあけ、5〜10cm程度にカットしたストローをあかちゃんに手渡し、穴に入れるようにうながします。**ストローを入れ終わるまで指に注意を向けるようにうながすことで、集中できる時間をだんだん長くしていきます。**集中力を培うとのちのちの勉強をはじめいろいろな場面で役に立つでしょう。

アドバイス　牛乳パックに色を塗ったり、ストローの長さにもバリエーションをつけたりするといいでしょう。（ただし、誤飲しない程度の長さに）

立ち上がる

ころ

真の知能が芽生える時期。
いっしょにあそんで、
好奇心を満たしてあげましょう

立ち上がる
ころのあかちゃんの様子

🌱 脳から見る成長と発達

立ち上がってからだを動かすことで、四肢を独立させて動かせることを覚え、つかまり立ちやつたい歩きができるようになります。これからは、これまでに習得したことをどんどん実行していきます。あかちゃん期の中でも、1歳前後は大脳の神経回路が猛スピードでつくられるピーク。人間の知的な考え方や判断力のもとになる前頭前野も、8〜10カ月ごろから働き始め、20歳ごろまでに時間をかけて発達していきます。いっしょにいろいろなあそびを楽しみ、あかちゃんの旺盛な好奇心を満たしてあげましょう。それが、社会性や知能を育むことにつながります。

どう動ける？

- はいはいがスピードアップする
- つたい歩きが始まる
- 数秒間ならひとりで立てるようになる
- ひとり歩きできる子も出てくる
- 指先が一段と器用になる

はいはいで少々の段差を乗り越えるぐらい足腰が安定します。つかまり立ちができるようになると、上半身を手で支えてつたい歩きが始まります。慣れてくると、数秒間ならひとりで立てるようになり、早ければ歩き始める子も出てくるでしょう。手指は繊細な使い方が上達し、スイッチを押すなど、指先に力を入れられるように。容器のフタを開閉することもあるので、目を離さないようにしましょう。

目・耳・感覚は？

- 立つことで視界が広くなる
- 聞き取りが上手になる
- 遠くの音が聞こえる
- 意味のある片言を口に出すようになる
- ものを口に入れる探索行動は続いている

立つようになって視界は広くなりますが、まだ遠くのものは目に入ってきません。遠くのものへの関心も薄いので、遠くを指さしても見ているのは近くのものだったりします。一方、音は遠くても聞こえ、聞き取りも上手に。言葉の一部をマネして意味のある片言を口にしたりイントネーションをマネしたり、なかには1〜2語話せる子も出てきます。話せなくても、質問には動作や手指で応えられるようになってきます。

何がわかって、何ができる？

- 感情が複雑になり、気分が変わりやすい
- 自我が強くなる
- 周囲への好奇心が強い
- 記憶力が飛躍的に育つ

自我が強まり感情や気分が複雑になるとともに好奇心も強くなります。大人を困らせる行動が出てきますが、冷静に対応しましょう。また、記憶力がぐんぐん育ち、記憶と動作が結びつく行動ができるように。「ちょうだい」の意味を理解して、置き場所から取って渡すといった反応ができるようになってきます。

ねらい 歩くリズムを覚える

あんよ竹馬

からだ
を育む

イチ、ニ♪
イチ、ニ♫

足の甲に
しっかりのせて❤

あそび方と
脳を育む
コツ

大人の足の甲にあかちゃんの足をのせて歩いてみましょう

前後左右にリズムをつけながら歩いてみましょう。大人といっしょに歩くことで、ひざを曲げて足の裏を地面から離すという足の運びを体得できるようになります。立つときと足を前に出すときとでは足の異なる筋肉を使いますが、脳内では、「情報を送る→内耳から平衡感覚を保つように指示が出る→足の筋肉の複雑な動きを指令する」という処理をこなしているのです。

アドバイス　1日に1回ぐらいを目安に行いましょう。

アドバイス　からだをやさしくかかえ、自分から足を出すようにうながします。

壁の前でたっち

感覚
からだ
を育む

立ち上がる
ころ

10カ月〜1歳ごろ

壁の前にあかちゃんを立たせてみましょう

数秒間ひとりで立てる様子が見えたら、長い時間立っていられるように働きかけましょう。壁にお尻を向け、あかちゃんのかかとが壁より3〜5cm離れる位置に立たせて、大人の手を離します。お尻が安定を失ったとき、すぐ壁にもたれることができるので立つ練習になります。**首と腰をバランスよく動かせるようになると、垂直立ちが安定していきます。**

アドバイス 上を向くとバランスがくずれやすいので、大人はあかちゃんと同じ目線になるようにしゃがんで見守りましょう。

113

テーブルの上に、何がある?

感 覚
からだ
を育む

あそび方と
脳を育む
コツ

あかちゃんが好きなものをテーブルに並べましょう

つかまり立ちができるようになったら、つたい歩きをうながすあそびを取り入れましょう。テーブルやソファなどにあかちゃんの興味があるものを、目の前だけでなく少し離した位置にも並べます。届かない位置にあるおもちゃに向かって、足を動かそうとしたらチャンス。どんどんつたい歩きをうながしましょう。二足歩行ができるようになると、脳が働き人間らしくなっていきます。

アドバイス　あかちゃんが手をついたときに、胸の位置よりも少し低いくらいのテーブルやソファを使用しましょう。

ねらい バランスよく歩く練習

段ボール運び

感覚
からだ
を育む

立ち上がる ころ

10カ月〜1歳ごろ

あそび方と 脳を育む コツ

段ボールを両手で押しながら歩きましょう

つたい歩きが安定してから挑戦しましょう。あかちゃんの胸下ぐらいの高さの段ボールか、段ボール以外のものを使う場合、左右均等な形のものを選ぶのがポイント。歩行器のように**左右の手でバランスよく押しながら歩くように働きかけましょう**。押し歩きが安定したら、大人が少し離れたところに移動して「ここまでおいで〜」と呼んであげましょう。

アドバイス 段ボールが軽すぎると前に倒れてしまうので、あかちゃんの力に合わせて重さを調整しましょう。

おててパチパチ

手
感覚
を育む

**あそび方と
脳を育む
コツ**

手のいろいろなたたき方に挑戦しましょう

手が自由に使えるようになると、手をスムーズにたたけるようになります。一歩進んで、音の大きさや速さ、回数などを変えてさまざまな拍手に挑戦してみましょう。まずは大人がお手本を見せてからいっしょに手をたたくことで、その違いを覚えていきます。手をたたく動作は、腕の力を鍛え、リズム感も育むことにもつながります。

アドバイス 手と手を合わせるだけでなく、からだのあちこちをたたいてみるのもおすすめです。

新聞紙をビリビリ！

からだ
手
を育む

立ち上がる
ころ

10カ月〜1歳ごろ

あそび方と
脳を育む
コツ

両手を使って新聞紙を引き裂いてみましょう

新聞紙のように、一方向に裂けるような大きな紙を使うのがポイント。かんたんには引き裂けないので、**手の動かし方や指先の使い方、力の入れ方の練習になります。** 最初は裂けやすいように大人が切れ目を入れ、あかちゃんが興味を示したら手を添えて挑戦させてみましょう。両手を大きく開きながら、できるだけ長く引き裂いてみましょう。

アドバイス 慣れてきたら厚い紙、薄い紙、読み終えた週刊誌や雑誌などでも挑戦してみましょう。

117

フタをあけてみよう

ねじねじ

くるくる

手首を
ひねる

上手だね、

**あそび方と
脳を育む
コツ**

あき容器のフタをあけたり閉めたりしましょう

誤飲の可能性がないサイズのフタつき容器をよく洗い、手首を動かしてフタをあけるようにうながしましょう。ねじって開閉する動きには、手首を内側に回す動きと外側に回す動きに加え指先に力を入れることが必要になり、**手指の器用さを育み、前頭前野の働きを活発にします。**また、ものの仕組みを理解する力や集中力も養う効果も期待できるあそびです。

アドバイス うまくできたら、たくさんほめてあげましょう。

ねらい 手先の発達をうながす

はじめてのお絵かき

手
知能
を育む

こうならない
ために
あそんだあとは
しまいましょう

立ち上がる ころ

10カ月～1歳ごろ

あそび方と
脳を育む
コツ

紙にまっすぐな線をかいてみましょう

鉛筆やクレヨンを持たせて、紙の上に線がかける楽しさを体験させましょう。鉛筆やクレヨンは最初から正しく持つことで、手指を器用に使えるように導きましょう。まずは、あかちゃんがかきやすい力強い直線をお手本として見せ、マネをするようにうながします。最初のうちは、大人が後ろから手を添えてあげましょう。

➡ 成長に合わせて、「丸と線をかいてみよう」(P.159)へ STEP UP!

アドバイス 大人の使うクレヨンを奪ってかこうとすることもあるので、3～5色でいいので同じものを2セット用意するといいでしょう。

米粉でいろいろな感触を体験

サラサラ

おー

お水を足して

うあっ

ベトベト

あそび方と
脳を育む
コツ

米粉と水でいろいろな感触を覚えましょう

大きなお盆やビニールシートの上に米粉を出して、手でさわらせてサラサラした感触を味わわせましょう。そのあと、その米粉に水を加え、ベトベトの感触を好きなだけ楽しみましょう。**さまざまな感触を手で覚えると脳の前頭前野が発達します。**また、米粉を加えてかたさを調整すると、米粉ねんどにもなります。おだんごを作ったり、こねたり形を作ったりして楽しみましょう。

アドバイス 小麦粉などを使うときはアレルギーがないことを確認してからにしましょう。

指先アート

 手
 感覚
を育む

立ち上がる
ころ

10カ月〜1歳ごろ

そのまま入浴OK

終わったあとはとんでもないことになるから おふろでやっても可

あそび方と
脳を育む
コツ

水のりと絵の具を指先でまぜて絵をかきましょう

大きな紙の上で、水のりと絵の具をまぜ合わせてベトベトにしたものを指先でさわります。感触を味わいながら、指先を動かして絵をかいてみましょう。最初の色の上に、別の色を筆でポトンと落として指先でまぜ合わせ、色が変化していく様子を見るのもいいでしょう。**色を知り、指先の感覚を磨けるあそびです。**

アドバイス 不要なスプーンなどがあれば、道具として取り入れるのもいいでしょう。

同じ色、集まれ～！

感覚
知能
を育む

あそび方と
脳を育む
コツ

赤・青・黄の絵の上に同じ色のシールを貼りましょう

紙に風船などの絵をかいて、中を赤・青・黄の3色で塗っておきます。あかちゃんにその3色のいずれかのシールを持たせ、同じ色の風船のところに貼っていくようにうながします。「違う色」を分類し、「同じ色」の仲間集めをして、色を見分ける力と感じ取る力を育みましょう。また、色の濃淡があっても、同じ色のグループだと認識できるように導きましょう。

アドバイス はじめは2色でくらべ、慣れたら3色で行いましょう。

絵本を見よう

知能
社会性
を育む

立ち上がる
ころ

10カ月～1歳ごろ

あそび方と
脳を育む
コツ

絵本を見ながらあかちゃんに話しかけましょう

絵を見せながら「これなぁに?」「〇〇ちゃんの好きなりんごが、たくさんあるね」というように、話しかけましょう。言葉がわからなくてもあかちゃんは形を認識しています。食べ物、動物、乗り物や、身近な生活をかいた絵本で、あかちゃんの好奇心を引き出し、それを言葉に出してみましょう。**将来のコミュニケーション能力を育てる第一歩です。**

アドバイス　身近にあるものと結びつきやすい写実的な絵のものを選ぶといいでしょう。

\\ 秘訣 **4** //

1つの分野のあそびだけでなく さまざまな分野のあそびを バランスよく取り入れましょう

この本で紹介するあそびは、「からだ」「手」「感覚」「社会性」「知能」の5つの分野から、とくに働きかける分野をマークで分けてご紹介しています。成長していくと、好みや得意分野が出てきますが、何か1つの分野にかたよることなく、まんべんなくさまざまなあそびを経験させてあげましょう。そうすることで脳のどの領域もよく働き、脳全体がバランスよく育っていきます。

125

\ 秘訣 **5** /

脳を育むあそびは、どの成長タイミングから始めても効果があります

脳が目覚ましいスピードで発達するのは0〜4歳ごろですが、人間の脳は20歳ぐらいまで発達し続けます。脳の発達や成長に働きかけるあそびは、早く始めるほど効果を期待できますが、どの月齢から始めても問題はありません。「もう〇カ月なのに〇〇ができない」「〇カ月までに〇〇しなければもう遅い」などと考えずに、その子の成長に寄り添って、楽しくあそびましょう。そうすることで、自然と脳はぐんぐん成長していきます。

二足歩行はからだと脳を動かす一番の基本。正しく歩く習慣をつけましょう

「歩く」という行動と脳の働きにはとても深い関係があります。歩き始めは、体重にまかせて前のめりになって2〜3歩歩いたり、どんどん速足になったり、転んでやっと止まったりしますが、この段階ではまだ脳とからだがうまく連携して機能していません。正しい歩き方が身につくように働きかけ、たくさん歩いてからだと脳を育みましょう。

Point 1
まっすぐに歩けるように、たくさん歩きましょう

歩く指令を出すのは、大脳にある運動野です。ここは足の筋肉を支配しており、左の脳から右足へ、右の脳から左足へ歩く指令を出しています。また、脳幹にある歩行中枢からは「姿勢を保って手足を交互に動かす」指令が出て歩き方を調整し、脊髄は手と足を協調して動かす働きを担います。これらの働きは「たくさん歩く」と発達していきます。

Point 2
「止まれ」を身につけましょう

歩く動作を止める働きを担うのは脳の前頭前野です。危険から身を守るためにも、「止まって」と言ったときにはきちんと止まることを覚える必要があります。日々の生活やあそび（「動いて〜、ストップ！」(P.132)など）を通して、「止まって(STOP)」の言葉とその言葉の意味をからだで覚えるように働きかけましょう。

Point 3
転んだときにとっさに手が出るように導きましょう

バランスをくずして転んでしまう場面もたくさん出てくるでしょう。そのときに大切なのは、ちゃんと両手をついてからだを支えられること。上手に転べない場合は、手を出す練習になるあそび（「ふとんの上でグラリ」(P.99)、「危険を察知できるかな?」(P.105)）で練習しましょう。

Point 4
目的に向かって歩けるよう、毎日、歩かせましょう

自分がいる場所がわかるのは、脳に認知地図（コグニティマップ）があるから。この認知地図は記憶に関わる海馬にある「場所細胞」と、空間的に位置を認知する役割を担う「格子細胞」の働きにあります。毎日歩くこと、移動することで認知地図はかき換えられ、海馬も大きくなって運動感覚野が鍛えられます。

よちよち歩き
のころ

脳の回路がほぼ完成する時期。
からだを大きく動かすあそびや
見る・聞く・ふれる・考えるあそびで
脳をますます発達させましょう

よちよち歩き
のころの子どもの様子

🦋脳から見る成長と発達

生きていくために欠かせない基礎的な運動や視覚、聴覚、皮膚感覚など脳の感覚野の神経回路がほぼ完成する時期です。これからは、ものを考えて判断したり、行動の指令を出したりなど、高度な脳の働きを司る前頭前野を育てる時期です。これまではあかちゃんの能力にそれほど大きな差はなかったのですが、だんだん個人差が出てきます。子どもの能力を伸ばすためにも、見る、聞く、ふれる、考えるなど、できるだけバランスよく体験させて、さまざまな刺激を与えられる環境を整えていきましょう。

どう動ける？

- ● ひとりで立って歩き始める
- ● からだを大きく動かせるようになる
- ● 手の動きがスムーズになってくる

少しずつひとり歩きができるようになっていきます。とはいえ、運動機能の発達には個人差があるので、1歳を過ぎてまだ歩かなくてもあせる必要はありません。また、からだを大きく使ったあそびが楽しい時期。安全に気をつけながら、からだ全体を動かすあそびを取り入れましょう。腕や手の動きもスムーズになり、クレヨンでかくなど道具を使えるようになっていきます。

しょっ
しょっ

目・耳・感覚は？

- 周辺視が発達する
- リズムに合わせてからだを動かせる
  ようになる
- ものの大小を認知し始める

遠くを見たり近くを見たりする機会が増えると、遠
近感をつかみ立体感のあるものをとらえる立体視
が発達していきます。それに伴い、まわりを見る周
辺視が少しずつできるようになっていきます。また、
音に合わせてからだを動かすことなどが上達しま
す。これまでにも取り組んでいたリズムあそびや手
あそびをどんどん取り入れていきましょう。

マンマ　うま

何がわかって、何ができる？

- 顔のパーツを認知する
- 大小の違いがわかり始める
- 大人の話す内容の理解が深まる
- 意味のある、まだ言葉になりきらない
  単語を発する
- 「ママ」「パパ」など単語を発する
  子も出てくる

人と接するときに顔からさまざまなことを読み取ったり、記憶のイメージをつくっ
たりしているため、からだのほかの部分よりも先に、目や鼻、口といった顔のパー
ツを認識できるようになります。そのほか、ものの大小を感覚的に感じ取れるな
ど、ものごとの理解が深まります。意思もはっきりとしてきて、言葉になりきらな
い状態での表現や、意味のある単語を話す子どもも増えてきます。

ねらい 自分の意思で止まる

動いて〜、ストップ！

からだ
知能
を育む

あそび方と
脳を育む
コツ

動いている途中で「ストップ」と言って動きを止めましょう

音あそびなどで大人といっしょにあそんでいるときに、「ストップ！」と声をかけ、両足をそろえて止まれるようにうながしましょう。動きを止めることは、危険への対処のためにとても大切なこと。しかし言葉にすぐに反応して行動につなげるには、とても高度な脳の働きが必要です。なかなかできませんが、大人が真剣になれば、真剣さに従うようになります。繰り返し働きかけましょう。

アドバイス 走れるようになったら（1歳半から2歳ごろ）、走っているときに「ストップ！」ができるようにステップアップしましょう。

あんよで、おいで〜！

からだ
社会性
を育む

よちよち歩き
のころ

1歳〜1歳3カ月ごろ

あそび方と
脳を育む
コツ

大人に向かって歩くように働きかけましょう

「正しく歩く」には脳とからだの複雑な働きが必要で、かんたんにはできません。左右均等に歩けるようになるあそびを取り入れましょう。立ち始めの子どももまだまだ不安定。「歩く」あそびをするときは、常に子どものそばにいて、大人がしっかりとキャッチしてあげましょう。転ぶことへの不安がなくなるほか、絆も深まります。

〔アドバイス〕 少しずつ距離を延ばしてみましょう。

さか立ちに挑戦！

感覚
からだ
を育む

親が座る場合は
顔キック に
注意

づっ

たあっ

！

あそび方と
脳を育む
コツ

大人がしっかりと腰を支えながら、さか立ちさせてみましょう

さか立ちのように、からだをダイナミックに使ったあそびは運動能力を高めます。最初は大人が子どもの腰をしっかりと持ち、からだをプラプラさせたまま手を前に出すようにうながして進みます。両手を床につけるようになったら、足を持ってさか立ちの姿勢に変えましょう。さか立ちは背筋や腕の力を鍛え、さらに平衡感覚を養います。

アドバイス まずは両手をしっかりと床につけることを身につけさせましょう。

シール、届くかな？

からだ
手
を育む

ここに貼ろうね〜

ん〜……まっ……!!!

よちよち歩き
のころ
1歳〜1歳3カ月ごろ

あそび方と
脳を育む
コツ

つま先立ちしなければ届かない位置にシールを貼りましょう

しっかりと立ったり歩いたりするためには、足の親指の蹴りが大切です。その足の親指で蹴る力を育むのが、つま先立ちです。壁にお気に入りのシールを貼って、つま先立ちで取るように誘いましょう。つま先立ちができたら、次は床にシールを貼り、お尻をつかずに足首を使ってしゃがめるようにステップアップしましょう。

アドバイス シールのかわりに、鈴など音の出るものやお気に入りのキャラクターの絵などを壁に取りつけるのもいいでしょう。

135

＼ねらい＞ 遠くと近くを見る

ばらまきボール探し

感覚
からだ
を育む

あそび方と
脳を育む
コツ

床にボールをばらまき、目的のボールを探しましょう

さまざまな形・色・大きさのボールを床にばらまき、「○○○のボール、取ってきて」と伝え、子どもに目的のボールを取ってくるように指示しましょう。ボール拾いあそびは、全体を見回す周辺視、同じ色ごとにボールを分ける色の識別、大小の区別などのさまざまな感覚を育みます。また、見て、目標まで歩き、拾って、持ってくることは、運動機能も発達させます。

アドバイス 足元のボールにつまずかないように注意して歩けるように、見守りながらうながしましょう。

136

ねらい 顔のパーツの名称を覚える

顔のシール貼り

知能
社会性
を育む

目はどこかな～?

こっ

よちよち歩き
のころ
1歳〜1歳3カ月ごろ

**あそび方と
脳を育む
コツ**

輪郭をかいた絵に、パーツのシールを貼りましょう

紙に人の顔や動物の輪郭をかんたんにかき、「おめめはどこ?」「お口はどこ?」と問いかけて、目や鼻、口の位置に丸い形のシールを貼るようにうながしましょう。顔を理解する場所は脳の中でも特別なところにあり、子どもは強く興味を示します。それを利用して、顔の各部分の名称を覚えさせていきましょう。知能の形成に役立つほか、楽しく話すのにも効果的です。

アドバイス 何度かいっしょに繰り返してみたあとに、ひとりでも挑戦させてみましょう。

137

ねらい 体重を移動する練習

段差を上がっておりて

感 覚
からだ
を育む

あそび方と
脳を育む
コツ

手をついて段差を上がり、後ろ向きでおりてみましょう

おうちの階段のほか、大型のつみきや頑丈な箱で段差をつくり、手をついて四つんばい体勢で段差を上がらせましょう。上がったら、次は後ろを向いたままおります。上がるのは比較的やさしいことですが、おりるのは難しいもの。片足ずつしっかりと体重をかけるようにうながしましょう。スムーズにできるようになったら、手すりや壁に手をつきながら階段に挑戦しましょう。

アドバイス　最初はお尻を支えてあげ、こわがるようなら無理強いしないようにしましょう。

おもちゃが入っているのはどっち？

知能 を育む

よちよち歩き のころ 1歳〜1歳3カ月ごろ

あそび方と 脳を育む コツ

2つの容器のどちらにおもちゃがあるかを問いかけましょう

コップなど同じ形の容器を2つ用意してひっくり返し、子どもの目の前でどちらか一方の容器でおもちゃを隠します。「どっちに入っているかな?」と問いかけてみましょう。答えられるようになったら、移動する間も記憶できるように、距離を延ばして隠し、**ワーキングメモリーシステム（短期記憶）**の時間を少しずつ延ばしていきましょう。

アドバイス 間違えたら「違うよ」とは言わず、どこにあるかをいっしょに考えてみましょう。

紙飛行機、どこに行くかな？

感覚
知能
を育む

あそび方と
脳を育む
コツ

紙飛行機や紙トンボであそびましょう

左右に飛ぶ紙飛行機やゆっくりと落ちる紙トンボを作り、子どもの目線の上で飛ばしたり落としたりしましょう。上下左右に動くものを目で追う「追視」で視野が広がります。また、子どもの頭の上で動かすことで、立ったまま見上げても姿勢を保つ力も身につきます。追視ができるようになると、視線とからだの動きが一体となり、歩く姿勢が安定していきます。

アドバイス ポリ袋とひもをテープでとめたかんたんパラシュートや、紙をひねったこよりなどもおすすめです。

140

ゴロゴロ移動

感覚
からだ
を育む

よちよち歩き
のころ

1歳〜1歳3カ月ごろ

あそび方と
脳を育む
コツ

かためのふとんやマットレスの上で横に移動しましょう

はじめは見本を示してあげ、安全のために必ず大人といっしょに行いましょう。横にゆっくりと2〜3回転したら、逆に回転してもとに戻ります。これは迷路反射によるからだの動きを利用したあそびで、慣れてくると子どもが大好きになるあそびのひとつ。三半規管を鍛えてバランス感を育むと同時に、回転により空間認識能力も高められます。

アドバイス　回転後は目が回っているかもしれないので、自分から起き上がれるまで待ちましょう。

ねらい 指示を理解して記憶する

おもちゃを出し入れ

あそび方と
脳を育む
コツ

9マスケースにおもちゃを入れたり出したりしましょう

1辺が30cm程度の正方形に近いあき箱を使い、内部が均等な大きさの9マスになるように厚紙などで仕切ったものを準備しましょう。手のひらサイズのボールやおもちゃを3種類各3つ用意して、決めたマスの場所に入れ、「○○ください」などと指示し、マスの中からつまみ出したり入れたりしましょう。指先に力を入れてつまみ出す力と指示を理解して記憶する力が養われます。

アドバイス 親指、人さし指、中指の3本の指で持つ握り方ができるように導きましょう。

歩くのが上達

するころ

五感の刺激と言葉の体験が
できるあそびを、積極的に
取り入れましょう

歩くのが上達する
ころの子どもの様子

🌱 脳から見る成長と発達

「上手に歩く」ということは、運動能力だけではありません。視覚や聴覚、嗅覚、触覚など多くの感覚から入ってくる情報を上手に処理し、どう歩みを進めていけばよいかを判断する能力が必要です。公園などでたくさん歩く練習をして、感覚をとぎすまして、脳のあらゆる分野を育みましょう。また、言葉をたくさん吸収して自己表現能力を開発する時期でもあります。言葉を覚えることと知能の発達は、深く関係しています。これからは言葉によるやりとりをたくさんもつように心がけましょう。

どう動ける？

- 歩くのが上手になる
- 止まる・しゃがむなどの動きがスムーズになる
- 鉛筆やクレヨンを持てるようになる
- 指先の力のかげんをコントロールできるようになる

左右バランスよくリズミカルに歩けるようになり、目的に向かってまっすぐ歩き、自分の意思で止まれるようになります。自分の意思でしゃがんだり、体重を移動したりという動きもスムーズになっていくでしょう。また、手や指先を使うあそびを多く取り入れていると、指先の力かげんがうまく調節できるようになるなど、どんどん手指が器用に発達していくでしょう。

目・耳・感覚は？

- 外の世界への関心が高まる
- 色の違いがわかるようになる

ひとりで歩けるようになると、世界が大きく広がります。好奇心も旺盛になり、とくに外の世界への関心が高まるでしょう。外にはさまざまな刺激があり、五感を磨いていくことに大いに役立ちます。おうちあそびだけでなく、できるだけ毎日お散歩に出かけるなど、外あそびの機会も増やしていきましょう。

何がわかって、何ができる？

- 言葉の量が増える
- 大人の言葉を理解して動けるようになる
- 歌のメロディに合わせて声を出せるようになる

言葉の理解が深まり、どんどん単語を覚えている時期です。個人差はありますが、話せる単語の量が日々増えていくでしょう。生活やあそびで「ありがとう」と大人が頭を下げる様子などを見せていると、マネをして行動する様子なども出てくるでしょう。

テープの道を歩こう

感覚
からだ
を育む

ジグザグで コーナリングを せめるのも 楽しい!!

テープランウェイ de モデル気分!!

あそび方と
脳を育む
コツ

床にテープを貼り、それに沿って歩いてみましょう

テープに沿ってラインを意識してまっすぐ歩いてみましょう。床にビニールテープを貼るほか、ひもを置く、ジョイントマットを縦に長くつなぎ合わせる形などでもOK。畳のへりや敷居の上などを利用してもいいでしょう。最初は大人が後ろから子どもの両手を支えて、大人の足の間に子どものからだをはさむようにして練習してみましょう。

アドバイス　まっすぐに歩けるようになったら、ジグザグの道をつくったり、横向きにカニ歩きをしたりしてみましょう。

かけ声行進

歩くのが上達
するころ

1歳4カ月〜1歳半ごろ

あそび方と
脳を育む
コツ

「イチ、ニ♪」と声を出しながら歩いてみましょう

大人といっしょに手をつなぎながら、「イチ、ニ、イチ、ニ」とかけ声を出し、リズムに合わせて足を上げて歩いてみましょう。このとき、かかとを地面（床）にしっかりとつけて歩くことを意識しましょう。かけ声のほか、好きな音楽を流しながら歩くのもおすすめです。脳の聴覚野と運動連合野を一度に刺激することは、前頭前野を鍛えることにもつながります。

アドバイス 「ストップ」の合図で、その場で止まる動きも加えてみましょう。

輪投げあそび

あそび方と
脳を育む
コツ

輪投げおもちゃの輪を棒に通しましょう

最初は輪を持たせ、棒のそばまで歩いていって、輪を棒に通します。輪をそこに入れるというルールを教え、うまくできるようになったら、少し離れたところから投げ入れてみます。大人が手をとって教えてあげましょう。こうして距離をだんだん長くしていきます。歩く、目標との距離を判断する、輪を持っていく（投げる）という2〜3つのことを同時に行う（協応）練習になるあそびです。

アドバイス 棒に輪が入ったらおおげさにほめて、やる気を引き出しましょう。

壁にお絵かき

からだ
手
を育む

天才はフィールドを選ばないので注意 ☺

歩くのが上達
するころ

1歳**4**カ月〜**1**歳半ごろ

あそび方と
脳を育む
コツ

壁に長い線をかいてみましょう

壁に大きな紙を貼り、「ワーッ」と声を出す間に、できるだけ長い線をかいてみましょう。ひと息で長い線をかくのは、なぐりがきとは別の爽快感があります。このときに使うクレヨンや鉛筆などの道具は、最初から正しく持つ方法を教えてあげましょう。道具に合わせた手の使い方を学ぶことで、手先の感覚が養われ、手先の器用さを育みます。

アドバイス 横に線がかけるようになったら、次は縦線に挑戦を。その次は円をかいてみましょう。

ちぎり絵アート

手
感覚
を育む

あそび方と
脳を育む
コツ

帯状の紙を小さくちぎってみましょう

さまざまな素材の紙を用意し、幅1〜3cm程度の帯状にカットします。それを子どもに手渡し、**両手の指先で紙を持たせ、手首をひねって1回でちぎるように**働きかけましょう。難しい作業なので、最初は大人が後ろから手を添えていっしょに取り組みましょう。ちぎった紙は、大人が液状のりをつけて子どもに手渡し、大きな紙に自由に貼れば、アート作品が完成!

アドバイス まっすぐにちぎれるようになったら、丸や三角、四角などもちぎってみましょう。

ねらい すくう動作を覚える

砂・水(湯)を 両手ですくおう

手
知能
を育む

歩くのが上達
するころ

1歳4カ月〜1歳半ごろ

あそび方と
脳を育む
コツ

砂場の砂やふろの湯を、別の容器に入れてみましょう

両方の手のひらを合わせてお椀のような形にして、砂場の砂や、ふろの湯などをすくい、すくったものを別の容器などに入れてみましょう。**こぼさないように努めることで集中力や手のきめこまやかな動きを養います。**部屋の中で挑戦するなら、バットに小豆などを入れてボウルに入れ替えるなどがおすすめです。

アドバイス 手ですくえるようになったら、スプーンなどでも挑戦しましょう。

ねらい 音に強弱があることを体感する

あき箱演奏会♪

あそび方と
脳を育む
コツ

音楽に合わせて、あき箱をたたいてみましょう

あき箱や布を巻くなどした棒をたいこやバチがわりにすれば、身近にあるもの
でも楽器が完成。好きな音楽に合わせて、強くたたいたり弱くたたいたりして
演奏してみましょう。自分で音を出すので、強くたたいたときの音やたたくも
のによって聞こえる音の違いを体感できます。オリジナルの楽器のほか、鈴
やカスタネットなどで、さまざまな音の違いを体感させましょう。

アドバイス バチがわりの棒は、持ったまま歩かないようにしましょう。

はじめてのお手伝い

感覚
社会性
を育む

歩くのが上達
するころ

1歳4カ月〜1歳半ごろ

あそび方と
脳を育む
コツ

「〇〇を持ってきて」と子どもに依頼してみましょう

頼まれたものを持ってくることは、楽しいのと同時に「聞き取る」「覚える」「見る」「動く」がセットになった脳を育む立派なあそび。ぜひ、普段の生活から取り入れましょう。ただし、子どもは張り切ってその場所に行っても、見つけられなかったり忘れてしまったりすることもあります。そんなときにはイライラせず、子どもの顔を両手ではさんでニッコリとほほえんであげましょう。

アドバイス 上手にできたら「ありがとう」ときちんと言葉であらわしましょう。

1〜2歳はものを見る力が急激に発達。「見る力」を積極的に刺激しましょう

見る力が発達すると、「どうなっているんだろう」「不思議だな」という気持ちが芽生え、持ち上げ、ひっくり返し、何度もさわり、複合的な感覚でものごとをとらえるようになってきます。また、形の判別や色合いも見分けられるようになるのも1〜2歳ごろ。できるだけたくさんのものを見せて刺激を与えましょう。それらの過程で知能の発達もうながされていきます。

Point 1
正面からものを見るクセをつけましょう

1〜2歳は、1つのものに焦点を当てて見る「中心視」をさせることが大切です。子どもに話しかけるときは、必ず目線が子どもと水平になるように腰をかがめ、目と目を合わせて意思を伝えましょう。上目づかいや、横目でものを見るクセをつけないようにし、食事中にテレビをチラチラ見るようなこともやめましょう。

Point 2
子どもの目線で視野に入るものを確認しましょう

子どもとおなじ低い目線で部屋を見渡してみましょう。低い位置から見るテレビはどんな感じなのか、危険なものはないかなど、視野に入るものを確認します。安全を守る目的もありますが、子どもと同じ目線を体験してはじめて、本当の意味でのコミュニケーションが成り立つことがあります。

Point 3
「注視」の時間を多くつくりましょう

生活の中に、じっと見つめる「注視」の時間をつくりましょう。「○○を持ってきてね」と頼んで探させるなど、「意識して見る」ことを取り入れます。こうすることで、見たものが脳にインプットされ、情報のファイルが増えていきます。

Point 4
見えたものを言葉にしていきましょう

目にしたものの情報は、脳の中でファイリングされますが、見たものすべてが残るわけではありません。ここで大切なのが大人の声かけ。夕焼けを見たら「みかんの色みたいだね」などと声をかけることで、子どもの脳に色が具体的な形を伴って記憶されていきます。

1歳半〜2歳
ごろ

自分でやってみたい時期。
まだ無理かな?と思うあそびにも
危険を回避してチャレンジさせて

1歳半〜2歳
ごろの子どもの様子

🌱 脳から見る成長と発達

生きていくために欠かせない基礎的な部分の脳の神経回路は、すでに大部分ができ上がっています。前頭前野もこれまで以上に活発に働くように、新しい体験や環境の場をたくさんつくってあげましょう。とくにこの時期は、いろいろなものを見せて、「見る力」を積極的に刺激しましょう。反射的にものを見るのではなく、自分の意思でしっかりと見るように発達しました。公園や町の中、スーパーやデパートなどにも連れ出して、外の世界を見せてあげましょう。見たものを認識し、複合的な感覚でものごとをとらえることで、知能の発達をうながしましょう。

どう動ける？

- まっすぐ歩きや横向き歩きができるようになる
- 階段を上がりおりできるようになる
- 両手を協調させた動きができるようになる

歩けるようになったら次は、「まっすぐ歩く」「横に歩く」「あとずさりする」「階段を上がっておりる」など、さまざまな動き方を身につけていきましょう。また、指先はこまかい作業もできるようになりました。次はきき手とそれを補助する手の分業作業ができるようにあそびの中で取り入れましょう。

目・耳・感覚は？

- 形や色の感覚が豊かになる
- 音を聞き分けられるようになる

形の判別が得意になってきて、円、三角形、四角形などの分類ができるようになります。色についても赤・青・黄の三原色のほか、複雑な色合いが見分けられるようになっていきます。また、耳から入ってくる情報は、口の形や声の大きさ、音の出し方などから区別できるようになっていきます。これらの感覚は刺激することで鋭くなっていくので、あそびでたくさん刺激しましょう。

何がわかって、何ができる？

- 道具の使い方がうまくなる
- 数や量、時間に対する感覚がわかってくる
- 個性が出てくる

数や量、時間の感覚がわかり始める時期です。日常生活の中で、「多い・少ない」「長い・短い」などを、パッと見て理解できるセンスを育てましょう。判断力を鍛えることは、将来、論理的、合理的にものごとを考える力につながります。言葉に対する理解もどんどん進むので、「たくさん」「いっぱい」「ちょっと」などの言葉を使って語りかけましょう。

ひも通し

シールを貼ったりペンで色をつけたり

トイレットペーパーの芯をカット

ひも

世界に1つのネックレスつくろ♥

ベルトもいいぞ!!!

あそび方と脳を育むコツ

トイレットペーパーの芯に太いひもを通してみましょう

このころになると、いつも使う手（きき手）がはっきりしてきます。きき手にひもを、もう一方にトイレットペーパーの芯を持たせ、穴にひもを通すようにうながします。1～2個から始め、子どものやろうとする気持ちを大事にしましょう。手にはきき手とそれを補助する手という役目があって、両方の手を協調させるなど、1つの作業がうまくできることを会得させましょう。

〈アドバイス〉 最初は穴の大きなものと太いひもから始め、成長に合わせて小さな穴のビーズと細いひもにステップアップしましょう。

ねらい 手や腕の動かし方を覚える

丸と線をかいてみよう

手
知能
を育む

1歳半〜2歳
ごろ

丸かいて〜

縦かいて〜
…で、りんごさ〜ん

あそび方と
脳を育む
コツ

クレヨンを持ち、のびのびとかくことを楽しみましょう

子どもが立って届く高さの机に模造紙を貼ります。紙をテープで貼りつけると、めくれたりズレたりしません。クレヨンを1本だけ持たせ、「横〜」「縦〜」と言いながら線をかき、最後ははらわずに止めるように働きかけましょう。丸は始点と終点を重ねてかくように教えましょう。目的は上手にかくことではなく、手や腕の動かし方を覚えることです。

アドバイス お話ししながら、親子で楽しくかきましょう。

つみきあそび

感覚
手
を育む

あそび方と
脳を育む
コツ

つみきを高く積んでみましょう

最初は、大人がつみきを高く積んで子どもに倒させたり、横に並べたりすることからスタートを。慣れてきたら、つみきを積む手元を見せて、マネをさせましょう。つみきを高く積む作業は、目で見て握ったものを「そっと手を離して置く」という高度な手の動かし方が必要です。はじめは2つでも3つでもかまいません。自分で積めるように根気よくやらせましょう。

アドバイス 片手だけでなく両方の手を使って、片方の手を補助として使うことも教えてあげましょう。

本物の道具で おままごと

知能
社会性
を育む

あそび方と
脳を育む
コツ

おままごとをしながら会話をしましょう

実際に大人が使っている本物の食器や調理器具を使うことで、**道具の扱い方を学びながら**おままごとをしましょう。おもちゃのおままごとセットは空想する力が必要なので、本物を使ったごっこ遊びに慣れてからがいいでしょう。大人や人形を相手に「お茶をどうぞ」「いただきます」などの会話を楽しみながらあそび、**言葉の発達やコミュニケーション能力**を育みましょう。

アドバイス あそんだあとは片づけ、今のうちに片づけを習慣にしましょう。

おもちゃを 色分けしてみよう

感覚
知能
を育む

あそび方と
脳を育む
コツ

カラーブロックやおもちゃを色ごとに分けましょう

まずは赤・青・黄の三原色の紙やトレイを準備し、カラーブロックを色分けしながら紙の上に置いていきましょう。慣れてきたら、色数を増やしたりブロック以外のおもちゃをまぜたりしながら色分けに挑戦を。**濃淡があっても、同じ色のグループであることに気づくように導いてあげましょう。**色の名前は言えなくても問題ありません。

アドバイス 色の分類を間違えたときは、大人が指摘して気づかせてあげましょう。

ねらい 即決力を養う

どっちが好き?

感覚
知能
を育む

1歳半〜2歳ごろ

あそび方と
脳を育む
コツ

2枚の絵から、どちらかを選ばせましょう

子どもが実物を知っているものなどがかかれた2つのカードや絵を見せ、「どっちが好き?」と問いかけ、どちらか1つを選ぶようにうながしましょう。絵本を使うなら、ものや動物などが2つ以上わかりやすくかかれた見開きページを開くのもいいでしょう。ものの名前がわからなくても、指でさして答えるだけでもOK。話を理解して、素早く判断する力を養います。

アドバイス 犬を「ワンワン」と答えた場合は、「ワンワンと鳴く犬だね」と正しい名前を教えましょう。

163

低い段差の上から ジャンプ！

感覚
からだ
を育む

あそび方と
脳を育む
コツ

低い段差から、両足をそろえて飛び降りましょう

ジャンプは瞬発力をつけ、からだを動かすタイミングを学ぶ高度な運動です。
最初は大人が両手を持ちながら、低い段差から飛び降りるようにうながしましょう。このとき大人は手を引っぱるのではなく、両足をそろえて自分で跳んだと感じられるサポートを意識し、しっかりと床に着地できているか確認を。こわがらずに跳べるようになったら、ひとりで挑戦させましょう。

アドバイス 必ず大人といっしょに行い、ひとりでは決してやってはいけないことを、きちんと教えましょう。

片足たっち

感覚
からだ
を育む

1歳半〜2歳ごろ

あらあら
お上手♥

すてきね♥

Peco

片足立ちで
フラミンゴっこ

あそび方と
脳を育む
コツ

片足で立ってみましょう

まずは大人と向き合って両手をつなぎ、片足を上げてみます。これができたら、手をつながずに両手を広げて、バランスをとりながらひとりで片足で立ってみましょう。片足立ちは足の筋肉と高度なバランス感覚が必要な動き。フラミンゴのマネをする、明かりや日の光を背にして立って影を床や壁に映し出すなど、楽しみながら片足立ちの動きを取り入れましょう。

アドバイス 左右交互に行い、どちらの足でもできるように導きましょう。

的当て

からだ
手
を育む

えい。

また変なこと
考えてら…

ホホホホ

私の野望

いつか
ゴミをホールインワン
できるようになれば
家が片づく…

あそび方と
脳を育む
コツ

的に向かって、片手でボールを投げてみましょう

ボールを手のひらのくぼみにのせ、5本の指で握らせます。厚紙などに円を
かいたかんたんな的をつくり、最初は低い位置に置いてスタート。すぐ近く
から的に向かって投げ、徐々に距離を延ばしましょう。目標地点を目ではかる→
そこまでの距離を予測する→力をかげんしてボールを手放す→動きを目で追う
という一連の動きには、さまざまな感覚や脳の部位が複雑に働いています。

アドバイス お手玉や新聞紙を丸めてつくったボールは、はずみにくいので扱いや
すいでしょう。

ペットボトルボーリング

えいっ

からの
ペットボトルや
缶でOK!

積み上げた
つみきだと

どんがら
がっしゃん

爽快感
UP!!

あそび方と
脳を育む
コツ

ボールを転がして、並べたペットボトルを倒しましょう

ペットボトルやあき缶を並べ、少し離れたところからしゃがんだままボールを転がして倒します。当てにくいようなら、やや大きめのボールを使ったりペットボトルに近づいたりして調整しましょう。集中して投げられるように、周囲はワイワイはやし立てず、倒せたらおおげさにほめてあげましょう。**いろいろな動きや感覚が複合的に必要な高度なあそびです。**

アドバイス　倒れたペットボトルの本数を数えると、数の感覚も学べます。

167

くらべっこ

あそび方と
脳を育む
コツ

2つのものをくらべてみましょう

日常生活の中にある身近なもので、同じ外見のものを見つけたときに2つのものをくらべて、どっちが大きい?などと問いかけてみましょう。大きい・小さい、重い・軽い、長い・短いといった量的なものをあらわす概念は、突然身につくものではありません。直感的にわかるように、日々、「こっちが大きいね」などと声をかけて感覚を育みましょう。

アドバイス　重軽をくらべるときは、実際に持たせて違いを体感させましょう。

ねらい 数学的センスを育む

どっちが多い？

知能
を育む

1歳半〜2歳
ごろ

あそび方と
脳を育む
コツ

量や数の異なるものから、多いほうを選ばせましょう

最適なのは食べるとき。2つのお皿に、クッキーなど子どもが好きな食べ物を、量をかえてのせましょう。「多いほうを食べていいよ」と伝え、子どもに選ばせます。数の感覚や量の感覚は体験を重ねることで、パッと見て数や量を理解する力が育まれます。「たくさん」「少し」「いっぱい」などのいろいろな言い方で指示をして、数や量をあらわす言葉も身につけていきましょう。

アドバイス パンやケーキなどの場合、2つに分けて「半分」の感覚を養いましょう。

169

言葉の体験が豊かであるほど脳は育ちます。
単語ではなく文章で語りかけましょう

1歳の誕生日には2～3の単語しか使えなかった子どもも、2歳の誕生日ごろには約200～300の単語を使うことができるようになります。この時期は言語能力・コミュニケーション能力が爆発的に伸びるときなのです。言葉をどのように習得していくかは、生まれてから数年間の「言葉体験」と大きな関わりがあり、その後の知能の発達に大きく影響することがわかっています。

Point 1
単語だけでなく、その言葉の使われ方を教えましょう

ボールという言葉を教えるときには、投げたり転がしたりして、「ボールを転がすよ」「ボールが飛んできた」と教えましょう。単語だけでを教えることは避けましょう。

Point 2
短いお話を毎日聞かせましょう

絵本ではなく、大人が考えた短いお話でもOK。絵本を読むときはいっしょに絵本を見ますが、お話を聞かせるときは子どもと向き合って反応を見ながら話しましょう。

Point 3
大人の「聞く姿勢」が重要です

この時期は、子どもに話をさせることもとても大切。要領を得ないし意味のわからない言葉を発することがあっても、手を止め、目線を合わせて聞き、正しい言葉や表現で言い換えるように努めましょう。その繰り返しが言葉の獲得につながります。

Point 4
ラジオやテレビは上手に活用しましょう

親が一日中話し続けることはできません。ラジオやテレビも活用しましょう。お気に入りの番組をいっしょに見たり、音楽に合わせて歌をうたったりするのは脳へのよい刺激です。ただし、一日中つけっぱなしでダラダラ見せるのはいけません。

Point 5
話はゆっくりさせましょう

早口の子もいればのんびり話す子もいます。話すのが遅いと「こういうことね」と切り上げたくなりますが、ゆっくり思いを整理して話させることが大切です。逆に、早口の子にはゆっくりと話させる工夫をしましょう。

2歳〜

あそびの中で
興味をもつ方向の能力を伸ばし、
苦手分野は上達するように
練習しましょう

2歳〜
の子どもの様子

🌱脳から見る成長と発達

　2〜3歳ぐらいにかけて、大脳の神経回路の配線は急速に広がっていきます。この時期にできるだけ多くの体験を積み、感覚を磨くことが脳の発達に大きく影響します。また、個性や個人差は2歳ごろからさらにはっきりあらわれ、できることとできないことの違いが明らかになってきます。個性を見極め、得意なことを伸ばしてあげるのはもちろんですが、苦手なことをなるべく克服できるように導いてあげましょう。問題解決能力のある子どもに育つには、大脳のあらゆる部分のバランスのよい発達が必要です。特定の分野にかたよらず、バランスよく発達するように心がけましょう。

どう動ける？

- 走れるようになる
- 手指はどんどん器用になる

個人差がありますが、からだつきがしっかりしてきて、走ったり、ジャンプしたり、手指がこまかく動かせるように発達していきます。これらの動きは、何度も挑戦して繰り返すことで発達するので、あそびでたくさん取り入れましょう。とはいえ、一度にたくさんの刺激を与えても早くできるわけではありません。少しずつ毎日の繰り返しが大切です。

目・耳・感覚は？

● 五感で情報を読み取り、
行動・思考へと
つなげられるようになる

これまでに発達した感覚機能を使って、さまざまな情報を得られるようになりました。これからは、得た情報をもとに前頭前野を使って、行動したり思考したりする段階です。これまで同様に、五感を刺激する体験を積み、感覚を磨いていきましょう。さらに、見えるもの、聞こえるもの、さわった感触などから自分で判断して行動する・考えるあそびを積極的に取り入れましょう。

何がわかって、何ができる？

● 2語以上の文章が出てくる

● 自分の気持ちや考えを
伝えようとしてくる

個人差がありますが、2歳の誕生日前後には、約200〜300の単語を使うことができるようになってきます。この時期は脳にため込まれた言葉を、自分から発するようになる言葉の爆発期です。「りんご、食べる」「公園、行く」などの2語文も出てくるでしょう。大人は単語ではなく、2語以上の文章で話しかけることを心がけましょう。

だ〜れだ？ ど〜こだ？

知能
社会性
を育む

あそび方と
脳を育む
コツ

子どもに質問したり答えたりしましょう

大人は子どもの目線までしゃがみ、目を合わせてからスタート。「これ、だ〜れだ？」「ママ」「ママのほっぺはど〜こだ？」「ここ！」「これはママのほっぺ。○○ちゃんのほっぺはど〜こだ？」というように、同じような言葉を繰り返して、質問したり答えたりしてあそびましょう。言葉あそびを楽しみながら、言語能力を引き出していきましょう。

アドバイス 質問や答えに合わせて、からだや顔をさわるのもいいでしょう。

ママ・パパ創作ものがたり

知能
社会性
を育む

あそび方と
脳を育む
コツ

大人が即興でつくった短いお話を聞かせてあげましょう

たとえば、「山の上のりんごの木に、おいしそうなりんごがたくさんなっていました。そのうちの1つのりんごが、木からポトンと落ちて、コロコロと転がって池にポチャン！」というようなかんたんなお話でOK。翌日はりんごを梨にかえてみるなど、同じ話を少し変えて繰り返しましょう。朝起きてから寝るまでのお話でも十分です。聞くことで言葉の理解を深めましょう。

アドバイス 子どもが大好きな、言葉の繰り返しや擬音を取り入れましょう。

指示に合わせて行動しよう

知能
社会性
を育む

えっほ
えっほ

おうちで
障害物
競走!?

あそび方と
脳を育む
コツ

指示に合わせて、おもちゃを運ばせましょう

3種類程度のカラーテープを床に貼って道すじをつくり、その先に同じ色のトレイや紙などを置いて準備します。「袋から1つだけおもちゃを出して」「取ったおもちゃと同じ色の橋（カラーテープの上）を渡って、同じ色のトレイ（紙）の上に置いてきて」と指示を出し、指示どおりの行動をうながしましょう。**指示を理解して表現する力、記憶する力、自立心を養います。**

アドバイス 間違えたらいっしょに確認をして、正しい行動をやり直しましょう。

ねらい 両足をそろえて跳ぶ

両足でジャンプ！

感 覚
からだ
を育む

2歳〜ごろ

ワン.ツー

オレたちは 花火だ!!!

**あそび方と
脳を育む
コツ**

その場で両足をそろえてピョンと跳んでみましょう

平面でのジャンプは、両足で段差からおりて着地するのとは違い、つま先に力を入れてタイミングよく跳び上がる難しい動きです。まずはマットレスなどの上で練習しましょう。大人が子どものからだを持って高く跳び上がらせて感覚を教えてから、次は自分でジャンプするようにうながしましょう。**ジャンプは瞬発力を養う動きです。**さまざまなあそびで取り入れましょう。

アドバイス 上手にできるようになったら、続けてピョンピョンと跳んでみましょう。

感覚
知能
を育む

鏡の前でマネしてポーズ

鏡の前で大人のマネをさせましょう

親子で向き合って、「同じほうの手を上げて」と声をかけ、手を上げるようにうながしましょう。次は、向き合って「同じほうの手が上がっているね」と確認しながら、手を上げた状態のまま子どもと横並びに。鏡を見ると、さっきまで同じほうの手が上がっていたのに、逆になっていることに気づかせましょう。向き合うと左右が反対になることを、少しずつからだに記憶していきます。

アドバイス 左右の感覚は、ゆるく受け止めることが大切なので、「おはしを持つ手」など言葉で説明しすぎないようにしましょう。

感覚
手
を育む

ファスナーをあけてみよう

2歳〜
ごろ

人形 や お菓子

かぼちゃ
クッキー !!

in !!

出してぇ〜

透明のファスナーケース

まかせろ!!

人形や
お菓子を
救え!!

Let's 脱出ゲーム

あそび方と
脳を育む
コツ

ファスナーケースに入ったおもちゃを取り出しましょう

まずは大人が見本としてファスナーの根元を持ち、腕を横に動かしてファスナーをあける様子を子どもに見せましょう。ファスナーの開閉は、両方の手を同じような力かげんでバランスよく使う練習になります。また、両手を協調して上手に使うことは、脳をバランスよく育むことにもつながります。この時期に指先の動きを育むと、今後、鉛筆がきなどの習得がスムーズになるでしょう。

アドバイス ファスナーケースのほか、スナップボタンにも挑戦してみましょう。

●・▲・■パズル

手
知能
を育む

あそび方と
脳を育む
コツ

●▲■をかいた紙の上に同じ形のパーツを置きましょう

厚紙やフェルトを●▲■に切り、同じ大きさの●▲■を画用紙にかいて手製の型はめパズルをつくりましょう。型はめやパズルは、見たものを脳に記憶して、それと同じものを探しだして同じ角度で重ねるという作業を繰り返すので、脳はフル活動しています。慣れてきたら、幼児向けのジグソーパズルや1枚の絵をカットして手づくりパズルへとステップアップしましょう。

アドバイス 平面だけでなく、立体的な型はめパズルにも挑戦してみましょう。

おふろでカウントダウン

感覚
知能
を育む

2歳〜
ごろ

あそび方と
脳を育む
コツ

おふろから上がるまでをカウントダウンしましょう

10から0に向けて数え、0になったら「発射〜!」と抱き上げて湯ぶねからからだを出しましょう。まだ1つか2つくらいの数が理解できる程度ですが、実態を伴った数あそびが数の理解を深めます。とくに「0」に対する理解は、将来、数学的なものの見方ができるかどうかに影響を与えます。「0」=「見えない数」があることを直感的に理解するように導きましょう。

アドバイス 数えられるものを10個用意して、お皿などにカウントダウンしながら移し替えるのもおすすめです。

ねらい 想像力を養う

中身はな〜んだ？

感覚
知能
を育む

段ボールに
穴をあける
ドキドキBOX
も楽しい♥

あそび方と
脳を育む
コツ

おもちゃの入った袋の中身を、さわって当ててみましょう

中身の見えない布の袋に、いつもあそんでいるおもちゃを1つ入れて、「中身はな〜んだ?」と子どもに手渡しましょう。まずは袋の外からさわり、次に袋の中に手を入れてさわり、何が入っているかを想像するようにうながしましょう。最後は袋の中身を出して、何が入っていたかを確かめます。手にふれたものの感触から実物をイメージする想像力を養います。

アドバイス 「かたい」「やわらかい」「ふわふわ」「ゴツゴツ」など、いろいろな言葉で表現するように働きかけましょう。

ハサミを使ってみよう

手
知能
を育む

2歳
ごろ
〜

注意！
＊刃のあるほうを自分に向けてハサミを持つ、
　受け渡しの練習をしてから始めましょう
＊ハサミを持って立ち歩かないことを言い聞
　かせましょう

あくまで
サポート
を
忘れずに♡

ズレないように支える

チョキ…

チョキ…

危なくないよう支える

あそび方と
脳を育む
コツ

必ず大人がサポートしながら、1回切りに挑戦しましょう

やや厚めの紙でつくった帯を用意。ハサミの小さい穴に子どもと大人の親指を入れ、大きい穴には子どもの残った指を入れ、子どもの手を包むようにサポートします。ハサミを持つ腕のわきを締め、刃先が前にくるように親指を上にして持ち、逆の手で帯の真ん中あたりを持ちます。大人がハサミをパッと開き、子どもがギュッと握ってハサミを閉じて紙をカットしましょう。

アドバイス　まだハサミが上手に使えなくて当然。あえて挑戦することでハサミの便利さと危険性を覚えさせましょう。

ねらい ひとり着替えの練習

手
知能
を育む

ボタンをはめてみよう

フェルト

穴をあける

くるっとひっくり返せば

いつでもどこでも
ボタンはめの完成!!!

うまくできるようになったら…

いざ!! ひとりでパジャマ!!

んしょ
んしょ

成長がうれしいけど
ちょっぴりさびしい…

**あそび方と
脳を育む
コツ**

大人がサポートしながら、ボタンはめをしてみましょう

手首のひねり、指先に力を入れるなど、高度な手の使い方を習得して、はじめてボタンはめができるようになります。「①親指と人さし指でボタンをつまみ、穴にボタンを通す。②出てきたボタンを反対の手に持ち替える。③はじめにボタンを持っていた手で布をつまみ、手首を使ってボタンを引き出す」を大人がやって見せてから、子どもに挑戦させましょう。

アドバイス 子どもが楽しみながら練習するよう、フェルトにボタンをつけ、ボタン穴をあけたおもちゃを手づくりしてみましょう。

ねらい ものの半分（1/2）の感覚をつかむ

ハンカチたたみ

手
知能
を育む

ハンカチや
ハンドタオルを

半分

半分の半分

パタン

パタン

おれは全力で!!

す〜っごく
助かっちゃったよ〜
本当にありがとう〜

あそび方と
脳を育む
コツ

ハンカチなどをいっしょにたたんでみましょう

ハンカチの端と端を持って、手前から奥に折り上げて角と角を合わせます。このとき、「半分になったね」と語りかけ、ものの半分（1/2）の感覚をつかませましょう。次にハンカチの向きを変えて、もう一度半分に折ります。このときも「半分の半分（1/4）だね」と語りかけることを忘れずに。ハンカチの次は、折り紙で挑戦し、折れ線をつけることも教えてあげましょう。

アドバイス　洗濯物でやる場合、上手にたためなくてもやり直さずに、そのまま使うようにしましょう。

\\ 秘訣 **6** //

イヤがるあそびを
無理強いするのは
やめましょう

こ の本にあるあそびは、あかちゃんが自主的に楽しくできることが必須条件です。最初は親がお手本を見せ、興味を示したら自分でやれるようにうながしてみましょう。無反応なのに長時間続けたり、イヤがっているのに無理にやらせたりしても、あかちゃんの脳は育ちません。そんなあそびはしばらくおやすみにし、時間をおいてからまたトライしましょう。

＼＼ 秘訣 ⑦ ／／

うまくできたときは、
必ずほめてあげましょう

少し難しいあそびに挑戦して上手にできたときには、「すごいね、上手にできたね」と必ずほめてあげてください。ほめられることで脳内にドーパミンが出て、あそびがもっと楽しくなると同時に、次はもっと上手にやろうという意欲がわいてきます。逆に、できなくて叱られるとやる気がそがれ、脳も発達しません。ほめ上手な親は脳を育むのも上手です。あかちゃんの「自己肯定感」も育ちます。

脳を育むあそびの秘訣

\\ 秘訣 ⑧ //

「ダメ！」のあとには
必ず子どもを受け入れ、
安心させて

190

あかちゃんにとっては、あらゆることがあそびの対象です。親がしてほしくないことをすることもあります。ケガにつながるような行動や、危険なものに近づくこともあるでしょう。そんなときは「ダメ!」と言って、してはいけないことを教える必要があります。でも、そのあとは抱き締めたりほほえんだりして、甘えさせてあげましょう。親子で何かに挑戦するとき、大切なのは信頼関係です。

監修 久保田 競 先生
くぼた きそう

京都大学名誉教授、医学博士。脳科学者。東京大学医学部卒業、同大大学院修了後、同大講師を経て、京都大学霊長類研究所にてサルの前頭葉の構造と機能を研究。同大教授、同研究所所長を歴任。2011年春、瑞宝中綬章を受章。大脳生理学の世界的権威で、育脳に関する著書多数。

監修協力 佐藤一彦
さ とう かずひこ

大学卒業後、株式会社主婦の友社入社。雑誌、書籍の編集者を経て、「クボタメソッド能力開発教室」を運営する主婦の友リトルランド代表に。この間、久保田競、久保田カヨ子が監修する書籍の刊行に携わる。現在は株式会社 城南進学研究社 顧問。脳研工房（故久保田カヨ子の設立会社）の指導員。

絵 あらいぴろよ

マンガ家・イラストレーター。ゆるい・かわいい・おもしろいをモットーに、さまざまな雑誌や書籍などで活躍。『48歳からのメイクの強化書 笑って学べるマンガで化け活。』（主婦の友社）ほか、育児教育ジャンルのマンガも多く手がけている。

STAFF

装丁・本文デザイン　藤原由貴　編集　森山佳菜　編集担当　秋谷和香奈（主婦の友社）　校正　田杭雅子

0~2歳 脳を育む おうちあそび図鑑
さい のう はぐく ず かん

2024年7月31日 第1刷発行

編者　主婦の友社
発行者　丹羽良治
発行所　株式会社主婦の友社
　　　　〒141-0021 東京都品川区上大崎 3-1-1 目黒セントラルスクエア
　　　　電話：03-5280-7537（内容・不良品等のお問い合わせ）
　　　　　　　049-259-1236（販売）
印刷所　大日本印刷株式会社